I0007900

Privilegierte Zugriffsverwaltung (PAM): Vom Niemand zum Helden

James Relington

Copyright © 2025 James Relington

Alle Rechte vorbehalten

HINGABE

An alle Cybersicherheitsexperten, IT-Administratoren und Sicherheitsbegeisterten, die unermüdlich daran arbeiten, digitale Assets zu schützen und privilegierten Zugriff zu sichern. Ihr Engagement für den Schutz von Unternehmen vor sich ständig weiterentwickelnden Bedrohungen inspiriert uns zur kontinuierlichen Verbesserung des Privileged Access Managements. Dieses Buch ist Ihrem Engagement, Ihrer Belastbarkeit und Ihrer Leidenschaft für den Aufbau einer sichereren digitalen Welt gewidmet.

DANKSAGUNG

Ich möchte meinen Kollegen, Mentoren und Branchenexperten, die ihr unschätzbares Wissen und ihre Erkenntnisse zum Privileged Access Management (PAM) mit uns geteilt haben, meinen tiefsten Dank aussprechen. Ihre Anleitung und ihr Fachwissen haben maßgeblich zur Entstehung dieses Buches beigetragen. Mein Dank gilt auch meiner Familie und meinen Freunden für ihre unermüdliche Unterstützung und Ermutigung auf diesem Weg. Mein besonderer Dank gilt den Cybersicherheitsexperten und IT-Teams weltweit, die unermüdlich daran arbeiten, sensible Systeme und Daten zu schützen. Abschließend danke ich den Lesern dieses Buches – ihr Engagement für die Verbesserung der Sicherheitspraktiken und den Schutz digitaler Umgebungen ist wirklich lobenswert.

Einführung in Privileged Access Management

Privileged Access Management (PAM) ist eine wichtige Sicherheitsdisziplin, die sich auf die Kontrolle, Überwachung und Sicherung privilegierter Konten in der gesamten IT-Infrastruktur eines Unternehmens konzentriert. Diese privilegierten Konten mit erweiterten Zugriffsrechten sind häufig das Ziel von Cyberkriminellen, da sie kritische Systeme manipulieren, auf vertrauliche Daten zugreifen und schwerwiegende Operationen ausführen können. Ohne geeignete Kontrollen kann die Kompromittierung eines einzigen privilegierten Kontos verheerende Folgen haben, darunter Datenschutzverletzungen, Systemausfälle und Verstöße gegen gesetzliche Vorschriften.

Der Bedarf an PAM ergibt sich aus der zunehmenden Komplexität moderner IT-Umgebungen. Unternehmen arbeiten in hybriden Infrastrukturen mit lokalen Servern, Cloud-Diensten und Remote-Zugriffspunkten, die alle strenge Zugriffskontrollen erfordern, um Risiken zu minimieren. Herkömmliche Sicherheitsmaßnahmen wie Firewalls und Antivirensoftware reichen nicht mehr aus, um unbefugten Zugriff zu verhindern. Daher ist PAM ein wesentlicher Bestandteil jeder Cybersicherheitsstrategie. Durch die Implementierung von PAM können Unternehmen strenge Richtlinien durchsetzen, die festlegen, wer wann und unter welchen Bedingungen auf privilegierte Konten zugreifen darf. Dadurch reduzieren sie die Angriffsfläche und minimieren Sicherheitsrisiken.

Ein grundlegender Aspekt von PAM ist das Prinzip der geringsten Privilegien (PoLP). Es besagt, dass Benutzern nur die für ihre Aufgaben erforderlichen Mindestzugriffsrechte gewährt werden. Dieses Prinzip hilft, übermäßige Berechtigungen zu vermeiden, die von böswilligen Akteuren ausgenutzt oder von Insidern missbraucht werden könnten. Die Durchsetzung des Prinzips der geringsten Privilegien durch PAM stellt sicher, dass selbst bei einer Kompromittierung eines Kontos der potenzielle Schaden begrenzt bleibt. Unternehmen, die diese Kontrolle nicht implementieren, haben häufig mit einem übermäßigen

Privilegienwachstum zu kämpfen. Benutzer sammeln im Laufe der Zeit übermäßige Zugriffsrechte an, was die Wahrscheinlichkeit von Sicherheitsvorfällen erhöht.

Privilegierte Konten gibt es in verschiedenen Formen, darunter Administratorkonten, Dienstkonten und Anwendungskonten. Administratorkonten werden von IT-Mitarbeitern zur Verwaltung kritischer Systeme und zur Durchführung von Wartungsaufgaben verwendet. Dienstkonten ermöglichen automatisierte Prozesse ohne manuelle Eingriffe und führen häufig Hintergrundaufgaben aus, die für den Geschäftsbetrieb unerlässlich sind. Anwendungskonten erleichtern die Kommunikation zwischen verschiedenen Softwareanwendungen. Jede Art von privilegiertem Konto birgt spezifische Risiken, sodass maßgeschneiderte Sicherheitskontrollen zum Schutz vor Missbrauch erforderlich sind.

Eine der wichtigsten Komponenten einer PAM-Lösung ist ein sicherer Tresor oder Passwort-Manager, der die Anmeldeinformationen für privilegierte Konten speichert und rotiert. Durch den Passwort-Tresor müssen sich Benutzer keine Passwörter mehr manuell merken oder weitergeben, was das Risiko eines Anmeldedatendiebstahls reduziert. Fortschrittliche PAM-Lösungen beinhalten zudem Multi-Faktor-Authentifizierung (MFA) für zusätzliche Sicherheit vor der Zugriffsgewährung. Indem Benutzer ihre Identität durch mehrere Authentifizierungsfaktoren wie Biometrie oder Einmalpasswörter verifizieren müssen, können Unternehmen die Zugriffssicherheit deutlich erhöhen.

Überwachung und Auditing sind integraler Bestandteil von PAM, da sie es Unternehmen ermöglichen, privilegierte Aktivitäten zu verfolgen und verdächtiges Verhalten in Echtzeit zu erkennen. PAM-Lösungen bieten Sitzungsaufzeichnungen, mit denen Sicherheitsteams Aktionen innerhalb privilegierter Sitzungen überprüfen können. Diese Funktion ist für forensische Untersuchungen und die Einhaltung gesetzlicher Vorschriften unerlässlich, da sie Unternehmen hilft, die Verantwortung für privilegierten Zugriff nachzuweisen. Kontinuierliche Überwachung ermöglicht zudem eine proaktive Bedrohungserkennung und warnt Sicherheitsteams vor Anomalien, die auf einen potenziellen Verstoß oder eine Insider-Bedrohung hinweisen können.

Gesetzliche Vorschriften und Branchenstandards schreiben strenge Kontrollen privilegierter Zugriffe vor. Compliance-Rahmenwerke wie die Datenschutz-Grundverordnung (DSGVO), der Payment Card Industry Data Security Standard (PCI DSS) und die Richtlinien des National Institute of Standards and Technology (NIST) betonen die Bedeutung der Sicherung privilegierter Konten. Unternehmen, die PAM nicht implementieren, riskieren hohe Strafen, Reputationsschäden und rechtliche Konsequenzen. Die Einführung einer robusten PAM-Strategie trägt nicht nur zur Einhaltung von Compliance-Anforderungen bei, sondern verbessert auch die allgemeine Cybersicherheit.

Die Implementierung von PAM ist keine einmalige Initiative, sondern ein fortlaufender Prozess, der kontinuierlich evaluiert und verbessert werden muss. Unternehmen müssen ihre privilegierte Zugriffslandschaft regelmäßig überprüfen, Richtlinien aktualisieren und an neue Bedrohungen anpassen. Die Schulung der Mitarbeiter in Best Practices für privilegierten Zugriff ist ebenfalls entscheidend, da menschliches Versagen nach wie vor eine der Hauptursachen für Sicherheitsverletzungen ist. Ein gut konzipiertes PAM-Programm fördert eine sicherheitsbewusste Unternehmenskultur und stellt sicher, dass privilegierter Zugriff über alle Systeme und Anwendungen hinweg effektiv verwaltet wird.

Mit der Weiterentwicklung der Cyberbedrohungen müssen auch die Strategien zur Sicherung privilegierter Zugriffe angepasst werden. PAM ist nicht länger optional, sondern eine Notwendigkeit für Unternehmen, die ihre sensibelsten Ressourcen schützen wollen. Durch den Einsatz umfassender PAM-Lösungen, die Durchsetzung des Prinzips der geringsten Privilegien sowie die Implementierung starker Authentifizierungs- und Überwachungsmechanismen können Unternehmen das Risiko privilegierter Sicherheitsverletzungen deutlich reduzieren. PAM ist ein Grundpfeiler moderner Cybersicherheit und bietet Unternehmen die nötige Kontrolle und Transparenz, um kritische Systeme und Daten vor externen und internen Bedrohungen zu schützen.

Die Bedeutung von PAM in der modernen Sicherheit

Privileged Access Management (PAM) ist ein wichtiger Bestandteil moderner Cybersicherheitsstrategien und schützt Unternehmen vor Cyberbedrohungen, die auf hochrangige Zugriffskonten abzielen. Da Cyberangriffe immer ausgefeilter und häufiger werden, ist der Schutz privilegierter Anmeldeinformationen nicht mehr optional, sondern unerlässlich. Privilegierte Konten gewähren Benutzern erweiterte Berechtigungen für den Zugriff auf sensible Systeme, die Änderung von Konfigurationen und die Verwaltung kritischer Geschäftsanwendungen. Werden diese Konten kompromittiert, können böswillige Akteure Daten stehlen, den Betrieb stören und erheblichen finanziellen Schaden sowie Reputationsschäden verursachen.

Die zunehmende Komplexität von IT-Umgebungen macht privilegierten Zugriff zu einem bevorzugten Ziel für Cyberkriminelle. Da Unternehmen hybride Infrastrukturen einsetzen, die lokale Systeme, Cloud-Plattformen und Remote-Arbeitsfunktionen kombinieren, ist die Verwaltung privilegierter Zugriffe anspruchsvoller denn je. Traditionelle Sicherheitsansätze, die sich primär auf den Perimeterschutz konzentrierten, reichen nicht mehr aus, um unbefugten Zugriff zu verhindern. Cybersicherheitsstrategien müssen nun PAM-Lösungen integrieren, um die mit übermäßigen Privilegien verbundenen Risiken zu minimieren und unbefugten Zugriff auf kritische Systeme zu verhindern.

Einer der Hauptgründe für die Bedeutung von PAM in der modernen Sicherheit ist seine Rolle bei der Abwehr von Insider-Bedrohungen. Während externe Cyberangriffe große Aufmerksamkeit erhalten, stellen Insider-Bedrohungen – ob absichtlich oder versehentlich – ein erhebliches Risiko für Unternehmen dar. Mitarbeiter, Auftragnehmer und Drittanbieter benötigen häufig privilegierten Zugriff, um ihre Aufgaben zu erfüllen. Wird dieser Zugriff jedoch nicht ordnungsgemäß verwaltet, kann er missbraucht oder ausgenutzt werden. PAM-Lösungen erzwingen strenge Zugriffskontrollen und stellen sicher, dass Benutzer nur über die für ihre Aufgaben erforderlichen Mindestberechtigungen verfügen. Durch Zugriffsbeschränkung und kontinuierliche Überwachung privilegierter Aktivitäten können Unternehmen das Risiko von Insider-Bedrohungen reduzieren.

Ein weiterer großer Vorteil von PAM ist die Möglichkeit, die Auswirkungen von auf Anmeldeinformationen basierenden Angriffen zu mildern. Cyberkriminelle nutzen häufig Taktiken wie Phishing, Brute-Force-Angriffe und Credential Stuffing, um sich unbefugten Zugriff auf privilegierte Konten zu verschaffen. Sobald sie sich Zugang verschafft haben, können sie sich lateral im Netzwerk bewegen, ihre Berechtigungen erweitern und weitere Systeme kompromittieren. PAM-Lösungen helfen, solche Angriffe zu verhindern, indem sie starke Authentifizierungsmechanismen wie Multi-Faktor-Authentifizierung (MFA) und Passwortrotationsrichtlinien durchsetzen. Sichere Passwort-Tresore gewährleisten die sichere Speicherung und den Zugriff auf privilegierte Anmeldeinformationen und reduzieren so das Risiko unbefugter Nutzung.

Die Einhaltung gesetzlicher Vorschriften ist ein weiterer treibender Faktor für die Einführung von PAM. Unternehmen verschiedener Branchen müssen strenge regulatorische Standards und Datenschutzgesetze wie DSGVO, PCI DSS, HIPAA und SOX einhalten. Diese Vorschriften verpflichten Unternehmen zur Implementierung strenger Zugriffskontrollen und zur Sicherstellung der Protokollierung und Nachvollziehbarkeit privilegierter Aktivitäten. Die Nichteinhaltung dieser Anforderungen kann hohe Geldstrafen und rechtliche Konsequenzen nach sich ziehen. PAM-Lösungen bieten die notwendigen Tools zur Durchsetzung der Compliance und bieten Prüfpfade, Sitzungsüberwachung und automatisierte Berichte zum Nachweis der Einhaltung gesetzlicher Rahmenbedingungen.

Die Integration von PAM mit anderen Sicherheitstechnologien verbessert die allgemeine Sicherheitslage eines Unternehmens zusätzlich. Moderne PAM-Lösungen lassen sich in SIEM-Systeme (Security Information and Event Management), EDR-Tools (Endpoint Detection and Response) sowie IAM-Plattformen (Identity and Access Management) integrieren. Diese Integrationen ermöglichen es Sicherheitsteams, Echtzeit-Einblicke in privilegierte Aktivitäten zu erhalten, Anomalien zu erkennen und effektiver auf Bedrohungen zu reagieren. Durch die Korrelation von Daten zum privilegierten Zugriff mit anderen Sicherheitsereignissen können Unternehmen die

Bedrohungserkennung verbessern und ihre Reaktionsfähigkeit auf Vorfälle optimieren.

Eine gut implementierte PAM-Strategie unterstützt auch das Zero-Trust-Sicherheitsprinzip. Zero Trust basiert auf der Annahme, dass keinem Benutzer oder System standardmäßig vertraut werden sollte, unabhängig davon, ob es sich innerhalb oder außerhalb des Unternehmensnetzwerks befindet. PAM trägt diesem Ansatz Rechnung, indem es strenge Verifizierungsmaßnahmen durchsetzt und privilegierte Sitzungen kontinuierlich überwacht. Durch die Implementierung von Just-in-Time-Zugriff (JIT) können Unternehmen die Gefährdung weiter reduzieren, indem sie temporären privilegierten Zugriff nur bei Bedarf gewähren, anstatt dauerhafte Administratorrechte zu gewähren. Dies minimiert die Angriffsfläche und begrenzt den potenziellen Schaden kompromittierter Konten.

Da sich Cyberbedrohungen ständig weiterentwickeln, müssen auch Sicherheitsstrategien entwickelt werden. Unternehmen, die PAM nicht implementieren, setzen sich erheblichen Risiken aus, darunter finanziellen Verlusten, behördlichen Sanktionen und Reputationsschäden. Privilegierte Zugriffe bleiben ein begehrtes Ziel für Cyberkriminelle, und ohne robuste Kontrollen bleiben Unternehmen anfällig für Angriffe. Durch die Einführung eines umfassenden PAM-Frameworks können Unternehmen ihre Abwehrmaßnahmen stärken, die Compliance verbessern und ihre wichtigsten Ressourcen vor unbefugtem Zugriff schützen. Die zunehmende Abhängigkeit von digitaler Transformation, Cloud Computing und Remote-Arbeit unterstreicht die Notwendigkeit einer starken PAM-Strategie in der heutigen Sicherheitslandschaft.

Schlüsselkonzepte und Terminologie

Privileged Access Management (PAM) basiert auf mehreren Kernkonzepten und Terminologien, die für das Verständnis der Sicherung und Verwaltung privilegierter Zugriffe in einem Unternehmen unerlässlich sind. Ohne ein klares Verständnis dieser

Schlüsselbegriffe gestaltet sich die Entwicklung und Umsetzung einer effektiven PAM-Strategie schwierig. Dieses Kapitel untersucht die grundlegenden Konzepte der privilegierten Zugriffssicherheit und die in diesem Bereich gebräuchliche Terminologie.

Ein privilegiertes Konto ist ein Benutzerkonto mit erweiterten Zugriffsrechten, die über die eines Standardbenutzers hinausgehen. Diese Konten können Administrator-, Dienst- oder Anwendungskonten sein, die jeweils eine andere Funktion innerhalb einer IT-Umgebung erfüllen. Administratorkonten ermöglichen Benutzern das Ändern von Systemeinstellungen, die Installation von Software und die Verwaltung von Benutzerberechtigungen. Dienstkonten werden von Anwendungen und automatisierten Prozessen verwendet, um Funktionen auf Systemebene auszuführen. Anwendungskonten erleichtern die Kommunikation zwischen verschiedenen Systemen und Softwarekomponenten und erfordern oft erweiterte Berechtigungen für eine ordnungsgemäße Funktion.

Das Prinzip der geringsten Privilegien (PoLP) ist ein grundlegendes Sicherheitskonzept im PAM. Es besagt, dass Benutzern, Anwendungen und Systemen nur der für ihre spezifischen Aufgaben erforderliche Mindestzugriff gewährt werden sollte. Die Implementierung von PoLP reduziert das Risiko eines versehentlichen oder böswilligen Missbrauchs privilegierter Konten, indem sie die Gefährdung begrenzt. Unternehmen, die dieses Prinzip nicht umsetzen, erleben häufig eine schleichende Ausweitung der Berechtigungen, bei der Benutzer im Laufe der Zeit übermäßige Berechtigungen ansammeln und so die Wahrscheinlichkeit von Sicherheitsverletzungen erhöhen.

Eine privilegierte Sitzung bezeichnet jede Aktivität, die mit einem privilegierten Konto ausgeführt wird. Diese Sitzungen müssen überwacht und kontrolliert werden, um unbefugte Aktionen zu verhindern und die Verantwortlichkeit sicherzustellen. Tools zur Sitzungsüberwachung ermöglichen es Sicherheitsteams, Benutzeraktivitäten in Echtzeit zu verfolgen, privilegierte Sitzungen aufzuzeichnen und auf Anomalien zu analysieren. Privileged Session Management (PSM) ist eine Komponente von PAM, die sicherstellt, dass alle privilegierten Sitzungen sicher eingerichtet, überwacht und geprüft werden.

Authentifizierung und Autorisierung sind zwei unterschiedliche, aber verwandte Konzepte im PAM. Die Authentifizierung überprüft die Identität eines Benutzers, der versucht, auf ein System zuzugreifen. Dies geschieht häufig mithilfe von Passwörtern, biometrischen Daten oder Multi-Faktor-Authentifizierung (MFA). Die Autorisierung hingegen bestimmt, welche Aktionen der authentifizierte Benutzer ausführen darf. Eine leistungsstarke PAM-Lösung integriert sowohl Authentifizierungs- als auch Autorisierungsmechanismen, um sicherzustellen, dass nur legitime Benutzer auf privilegierte Konten zugreifen und autorisierte Aktionen ausführen können.

Die Multi-Faktor-Authentifizierung (MFA) ist eine Sicherheitsmaßnahme, die von Benutzern mehrere Verifizierungsformen erfordert, bevor sie Zugriff auf ein privilegiertes Konto erhalten. Dazu gehören typischerweise Informationen, die der Benutzer kennt (Passwort), Informationen, die er besitzt (Sicherheitstoken oder Mobilgerät) und Informationen, die er ist (biometrische Daten wie Fingerabdruck oder Gesichtserkennung). MFA erhöht die Sicherheit erheblich, indem sie das Risiko von Anmeldeinformationsangriffen wie Phishing und Passwortdiebstahl reduziert.

Die Ermittlung privilegierter Konten ist ein kritischer Prozess im PAM-System. Dabei werden alle privilegierten Konten innerhalb eines Unternehmens identifiziert. Viele Unternehmen kämpfen mit Schatten-IT, wo undokumentierte Konten ohne angemessene Kontrolle existieren und Sicherheitsrisiken darstellen. Automatisierte Erkennungstools scannen die IT-Umgebung, um privilegierte Konten zu finden und zu katalogisieren. So wird sichergestellt, dass kein Konto unbeaufsichtigt bleibt. Nach der Erkennung können diese Konten gesichert, überwacht und in die PAM-Lösung integriert werden.

Ein Passwort-Tresor ist ein sicheres Repository zum Speichern und Verwalten von Anmeldeinformationen privilegierter Konten. Er setzt Passwortrichtlinien wie Komplexitätsanforderungen, Rotationsintervalle und Ablaufregeln durch. Durch die zentrale Speicherung der Anmeldeinformationen verhindern Passwort-Tresore, dass Benutzer auf schwache oder wiederverwendete Passwörter zurückgreifen, und verringern so die Wahrscheinlichkeit einer Kompromittierung der Anmeldeinformationen. Fortschrittliche

Phishing, Keylogging und Brute-Force-Angriffe, um privilegierte Anmeldeinformationen zu stehlen. Sobald ein Angreifer Zugriff auf ein Administratorkonto erhält, kann er sich im Netzwerk bewegen, Berechtigungen erweitern und unbemerkt auf kritische Systeme zugreifen. Da privilegierte Konten oft umfassende Zugriffsrechte haben, kann ein einziger kompromittierter Anmeldeinformationseintrag zu einer vollständigen Sicherheitsverletzung führen, die ein ganzes Unternehmen betrifft. Ohne PAM gibt es keinen strukturierten Ansatz zur Sicherung und Rotation privilegierter Anmeldeinformationen, was es Angreifern erleichtert, statische oder schwache Passwörter auszunutzen.

Laterale Bewegungen stellen ohne PAM ein weiteres ernstes Risiko dar. Sobald ein Angreifer ersten Zugriff erlangt hat, versucht er häufig, sich lateral im Netzwerk zu bewegen, um die Kontrolle über weitere Systeme zu erlangen. Durch die Nutzung ungesicherter privilegierter Konten können Angreifer ihre Privilegien erweitern und administrative Kontrolle über die gesamte IT-Infrastruktur erlangen. Ohne PAM-Lösungen zur Durchsetzung des Least-Privilege-Zugriffs und zur Überwachung privilegierter Sitzungen haben Unternehmen kaum Einblick in diese Bewegungen, sodass Angreifer lange Zeit unentdeckt agieren können.

Insider-Bedrohungen stellen ein weiteres großes Risiko für Unternehmen ohne PAM dar. Mitarbeiter, Auftragnehmer und Drittanbieter benötigen oft erweiterte Berechtigungen, um ihre Aufgaben zu erfüllen. Ohne entsprechende Zugriffskontrollen können diese Benutzer ihre Berechtigungen missbrauchen, um auf vertrauliche Daten zuzugreifen, kritische Konfigurationen zu ändern oder den Geschäftsbetrieb zu stören. In manchen Fällen geben Insider absichtlich vertrauliche Informationen preis oder sabotieren Systeme aus finanziellen oder persönlichen Gründen. Selbst wenn Insider-Bedrohungen nicht böswillig sind, kann der versehentliche Missbrauch privilegierter Konten zu Datenverlust, Systemausfällen und Compliance-Verstößen führen. PAM trägt dazu bei, Insider-Risiken zu minimieren, indem es strenge Zugriffsrichtlinien durchsetzt, privilegierte Aktivitäten protokolliert und Prüfpfade zur Rechenschaftslegung bereitstellt.

Compliance-Verstöße sind eine weitere Folge einer fehlenden PAM-Implementierung. Viele Branchen unterliegen strengen Vorschriften wie DSGVO, HIPAA, PCI DSS und SOX, die Unternehmen zum Schutz sensibler Daten und zur Durchsetzung von Zugriffskontrollen verpflichten. Ohne PAM können Unternehmen die gesetzlichen Anforderungen möglicherweise nicht erfüllen, was zu hohen Geldstrafen, rechtlichen Konsequenzen und einem Vertrauensverlust führen kann. PAM-Lösungen bieten die notwendigen Audit- und Berichtsfunktionen zum Compliance-Nachweis und stellen sicher, dass privilegierter Zugriff ordnungsgemäß verwaltet und dokumentiert wird.

Fehlende Sitzungsüberwachung und -prüfung erhöhen die Sicherheitsrisiken zusätzlich. Ohne PAM können Unternehmen nicht nachvollziehen, wer auf privilegierte Konten zugegriffen hat, welche Aktionen ausgeführt wurden und ob böswillige Aktivitäten stattgefunden haben. Dieser Mangel an Transparenz erschwert die Erkennung und Reaktion auf Sicherheitsvorfälle in Echtzeit. PAM-Lösungen bieten Sitzungsaufzeichnung und Echtzeitüberwachung. So können Unternehmen privilegierte Aktivitäten analysieren, Anomalien erkennen und auf potenzielle Bedrohungen reagieren, bevor diese eskalieren.

Ein weiteres oft übersehenes Risiko ohne PAM ist die unkontrollierte Ausbreitung privilegierter Konten, bekannt als Privilege Sprawl. Im Laufe der Zeit, wenn Mitarbeiter ihre Rollen wechseln oder Systeme aktualisiert werden, häufen sich privilegierte Konten ohne ausreichende Kontrolle an. Dies kann dazu führen, dass veraltete, ungenutzte oder verwaiste Konten aktiv bleiben und Angreifern einen einfachen Einstiegspunkt bieten. PAM trägt dazu bei, Privilege Sprawl zu verhindern, indem es Unternehmen ermöglicht, alle privilegierten Konten zu erkennen, zu verwalten und regelmäßig zu überprüfen. So wird sichergestellt, dass nur die notwendigen Konten vorhanden sind und aktiv überwacht werden.

Unternehmen ohne PAM sind zudem Risiken durch den Zugriff Dritter ausgesetzt. Viele Unternehmen sind auf externe Anbieter, Berater und Partner angewiesen, die privilegierten Zugriff auf kritische Systeme benötigen. Ohne eine PAM-Lösung, die temporären, zeitlich begrenzten und überwachten Zugriff durchsetzt, können diese Dritten zu Schwachstellen in der Sicherheit werden. Werden ihre Anmeldeinformationen gestohlen oder missbraucht, können Angreifer ihren Zugriff ausnutzen, um in die Unternehmensinfrastruktur einzudringen. PAM ermöglicht Unternehmen die Implementierung von Just-in-Time-Zugriff (JIT) und stellt sicher, dass Dritte nur die für eine bestimmte Aufgabe und für einen begrenzten Zeitraum erforderlichen Mindestberechtigungen erhalten.

Ransomware und andere Malware-Angriffe werden zudem verheerender, wenn privilegierte Konten ungeschützt bleiben. Angreifer nutzen häufig privilegierte Anmeldeinformationen, um Sicherheitstools zu deaktivieren, Backups zu löschen und Malware in Netzwerken zu verbreiten. Ohne PAM zur Durchsetzung von Zugriffsbeschränkungen und kontinuierlichen Überwachung privilegierter Sitzungen sind Unternehmen hochgradig anfällig für weitverbreitete Ransomware-Infektionen, die kritische Daten verschlüsseln und den Geschäftsbetrieb stören können. PAM mindert diese Risiken, indem es privilegierte Zugriffe einschränkt, starke Authentifizierungsmechanismen durchsetzt und alle privilegierten Aktivitäten auf verdächtiges Verhalten überwacht.

Das Fehlen von PAM schafft eine Sicherheitslücke, die Unternehmen externen und internen Bedrohungen aussetzt. Cyberkriminelle versuchen aktiv, privilegierte Konten auszunutzen, da diese umfassende Kontrolle über kritische Systeme haben. Ohne PAM fehlen Unternehmen die notwendigen Kontrollen, um privilegierte Anmeldeinformationen zu sichern, den Zugriff zu überwachen und das Prinzip der geringsten Privilegien durchzusetzen. Ohne eine umfassende PAM-Strategie setzen sich Unternehmen Datenschutzverletzungen, Compliance-Verstößen und Betriebsstörungen aus, die langfristige Folgen für ihre Sicherheit und ihren Ruf haben können.

Die Entwicklung der Sicherheit privilegierter Konten

Die Sicherheit privilegierter Konten hat im Laufe der Jahre einen tiefgreifenden Wandel durchlaufen und sich von einfachen administrativen Kontrollen zu hochentwickelten, KI-gesteuerten Sicherheitslösungen entwickelt. Da Unternehmen zunehmend auf digitale Infrastrukturen angewiesen sind, hat die Sicherung privilegierter Zugriffe höchste Priorität erlangt. Die Entwicklung der Sicherheit privilegierter Konten spiegelt die zunehmende Komplexität von IT-Umgebungen, die Zunahme von Cyberbedrohungen und den Wandel hin zu Compliance-orientierten Sicherheitsmodellen wider.

In den Anfängen der Computertechnik wurde der privilegierte Zugriff hauptsächlich über einfache Administratorkonten verwaltet. IT-Administratoren hatten uneingeschränkten Zugriff auf Systeme und nutzten oft gemeinsam genutzte Anmeldeinformationen, die über Jahre hinweg unverändert blieben. Die Sicherheitsmaßnahmen waren minimal, da die betriebliche Effizienz und nicht die Cybersicherheit im Vordergrund standen. Damals waren die Bedrohungen relativ gering, da die meisten Risiken eher auf versehentliche Fehlkonfigurationen oder internen Missbrauch als auf externe Cyberangriffe zurückzuführen waren.

Mit der zunehmenden Verbreitung von vernetztem Computing und Internet veränderte sich die Sicherheitslandschaft dramatisch. Unternehmen begannen, ihre internen Systeme mit externen Netzwerken zu verbinden, was das Risiko unbefugten Zugriffs erhöhte. Cyberkriminelle nutzten schwache administrative Kontrollen aus und nutzten Taktiken wie das Erraten von Passwörtern und Brute-Force-Angriffe, um Zugriff auf privilegierte Konten zu erhalten. Die Erkenntnis, dass privilegierte Anmeldeinformationen ein Hauptangriffsziel darstellten, führte zur ersten Generation privilegierter Zugriffskontrollen, die strengere Passwortrichtlinien und Mechanismen zur Benutzerauthentifizierung umfassten.

Die zunehmende Einhaltung gesetzlicher Vorschriften erhöhte den Bedarf an besserer Sicherheit für privilegierte Konten zusätzlich. Vorschriften wie Sarbanes-Oxley (SOX), HIPAA und PCI DSS führten strenge Anforderungen an Zugriffskontrolle und Auditing ein. Unternehmen mussten Protokollierungsmechanismen implementieren, um zu protokollieren, wer auf privilegierte Konten zugegriffen und welche Aktionen ausgeführt wurden. Dieser Wandel markierte den Beginn eines strukturierteren Ansatzes für das privilegierte Zugriffsmanagement, der sich auf Transparenz, Verantwortlichkeit und Compliance konzentrierte.

Die Einführung von Passwort-Tresor-Lösungen war ein wichtiger Meilenstein für die Sicherheit privilegierter Konten. Anstatt statische Passwörter zu verwenden, nutzten Unternehmen Passwort-Tresore zur sicheren Speicherung und Rotation von Anmeldeinformationen. Dadurch wurde das Risiko eliminiert, dass Benutzer privilegierte Passwörter manuell verwalten mussten, und das Risiko eines Anmeldedatendiebstahls verringert. Darüber hinaus wurde die Multi-Faktor-Authentifizierung (MFA) zur Standardanforderung und fügte dem privilegierten Zugriff eine zusätzliche Sicherheitsebene hinzu.

Mit der Verbreitung von Cloud Computing und Remote-Arbeit stand die Sicherheit privilegierter Konten vor neuen Herausforderungen. Herkömmliche perimeterbasierte Sicherheitsmodelle reichten nicht mehr aus, da Mitarbeiter und Drittanbieter von verschiedenen Standorten aus Zugriff auf kritische Systeme benötigten. Das Zero-Trust-Sicherheitsmodell entstand als Antwort auf diese Herausforderungen und betonte die Notwendigkeit, jede Zugriffsanfrage unabhängig vom Standort des Benutzers zu überprüfen. Privileged Access Management (PAM)-Lösungen unterstützten Just-in-Time (JIT)-Zugriff und gewährten Benutzern nur bei Bedarf temporäre Berechtigungen, wodurch die Angriffsfläche weiter reduziert wurde.

Automatisierung und künstliche Intelligenz (KI) spielen eine Schlüsselrolle bei den jüngsten Fortschritten im Bereich der Sicherheit privilegierter Konten. KI-gestützte Analysen ermöglichen nun die Echtzeiterkennung von anormalem Verhalten, sodass Unternehmen potenzielle Bedrohungen erkennen und darauf reagieren können, bevor sie eskalieren. Verhaltensanalysen helfen dabei, normale Benutzeraktivitäten von verdächtigen Aktionen zu unterscheiden, wodurch Fehlalarme reduziert und die allgemeine Sicherheitslage verbessert wird.

Die Zukunft der Sicherheit privilegierter Konten entwickelt sich stetig weiter, da Unternehmen neue Technologien wie identitätsbasierte Zugriffskontrollen, Cloud-native PAM-Lösungen und KI-gestützte Bedrohungsanalysen einsetzen. Angesichts immer raffinierterer Cyberbedrohungen wird der Schwerpunkt auf proaktiven Sicherheitsmaßnahmen, kontinuierlicher Überwachung und automatisierter Reaktion die Entwicklung des Privileged Access Managements weiterhin prägen. Unternehmen, die sich nicht an diese Fortschritte anpassen, riskieren, den Anschluss zu verlieren und sich erheblichen Sicherheitsbedrohungen und Compliance-Herausforderungen auszusetzen.

Standards und Frameworks für PAM

Privileged Access Management (PAM) ist ein wesentlicher Bestandteil moderner Cybersicherheit und schützt kritische Systeme und sensible Daten vor unbefugtem Zugriff. Um effektive PAM-Richtlinien zu etablieren, müssen sich Unternehmen an allgemein anerkannten Standards und Frameworks orientieren, die Best Practices für die Verwaltung privilegierter Konten bieten. Diese Standards dienen als Leitfaden für die Implementierung von Sicherheitskontrollen, die Einhaltung von Vorschriften und die Minimierung von Risiken im Zusammenhang mit privilegiertem Zugriff.

Eines der am weitesten verbreiteten Sicherheitsframeworks für PAM ist das Cybersecurity Framework des National Institute of Standards and Technology (NIST). NIST bietet einen strukturierten Ansatz für das Management von Cybersicherheitsrisiken und betont die Notwendigkeit, Sicherheitsbedrohungen zu identifizieren, zu schützen, zu erkennen, darauf zu reagieren und sich davon zu erholen. Im Kontext von PAM empfiehlt NIST die Durchsetzung strenger Authentifizierungsmechanismen, die kontinuierliche Überwachung privilegierter Zugriffe und die Implementierung von Least-Privilege-Prinzipien, um die Angriffsfläche zu reduzieren. Organisationen, die die NIST-Richtlinien befolgen, verbessern ihre Sicherheitslage, indem sie sicherstellen, dass privilegierte Konten ordnungsgemäß verwaltet und überwacht werden.

Ein weiterer wichtiger Standard ist ISO/IEC 27001, ein international anerkanntes Rahmenwerk für Informationssicherheits-Managementsysteme (ISMS). Dieser Standard beschreibt Best Practices zum Schutz von Informationsressourcen, einschließlich privilegierter Konten. ISO 27001 verpflichtet Unternehmen zur Implementierung einer rollenbasierten Zugriffskontrolle (RBAC), zur Durchsetzung einer starken Authentifizierung und zur detaillierten Protokollierung privilegierter Aktivitäten. Die Einhaltung von ISO 27001 unterstützt Unternehmen dabei, ihr Engagement für Cybersicherheit zu demonstrieren und bietet einen strukturierten Ansatz für das Management von Risiken privilegierter Zugriffe.

Der Payment Card Industry Data Security Standard (PCI DSS) ist besonders für Unternehmen relevant, die Zahlungstransaktionen abwickeln. Dieser Standard schreibt strenge Kontrollen für den privilegierten Zugriff auf Karteninhaberdaten vor. PCI DSS verpflichtet Unternehmen, Multi-Faktor-Authentifizierung (MFA) für den Administratorzugriff durchzusetzen, Passwort-Vaulting-Lösungen zu implementieren und die Aktivitäten privilegierter Konten zu überwachen. Die Nichteinhaltung des PCI DSS kann zu Geldstrafen, rechtlichen Konsequenzen und Reputationsschäden führen.

Für Unternehmen in stark regulierten Branchen legt der Sarbanes-Oxley Act (SOX) Anforderungen zum Schutz von Finanzdaten und zur Betrugsprävention fest. PAM spielt eine entscheidende Rolle bei der Einhaltung des SOX-Gesetzes, indem es sicherstellt, dass nur autorisierte Benutzer auf sensible Finanzsysteme zugreifen können. Unternehmen müssen Zugriffskontrollen implementieren, Prüfprotokolle pflegen und die Nutzung privilegierter Konten regelmäßig überprüfen, um unbefugte Änderungen an Finanzdaten zu verhindern. Durch die Einhaltung der SOX-Richtlinien können Unternehmen ihre finanzielle Sicherheit erhöhen und das Betrugsrisiko reduzieren.

Die Datenschutz-Grundverordnung (DSGVO) unterstreicht die Bedeutung der Verwaltung privilegierter Zugriffe, insbesondere beim Umgang mit personenbezogenen Daten von EU-Bürgern. Die DSGVO verpflichtet Unternehmen zur Implementierung von Sicherheitsmaßnahmen, die sensible Informationen vor unbefugtem Zugriff schützen. PAM-Lösungen, die den Zugriff mit geringstmöglichen Berechtigungen erzwingen, privilegierte Sitzungen überwachen und die Verantwortlichkeit durch detaillierte Protokolle sicherstellen, unterstützen Unternehmen bei der Erfüllung der DSGVO-Anforderungen. Verstöße gegen die DSGVO können zu empfindlichen Strafen führen, weshalb die Sicherheit privilegierter Zugriffe für Unternehmen, die personenbezogene Daten verarbeiten, oberste Priorität hat.

Das Center for Internet Security (CIS) Critical Security Controls bietet umfassende Best Practices für die Sicherheit, darunter spezifische Richtlinien für die Verwaltung privilegierter Konten. Das CIS-Framework empfiehlt die Durchsetzung von Just-in-Time-Zugriff (JIT), die Implementierung strenger Authentifizierungsmaßnahmen und die kontinuierliche Überwachung privilegierter Aktivitäten. Unternehmen, die die Empfehlungen des CIS befolgen, können das Risiko privilegienbezogener Sicherheitsverletzungen effektiv reduzieren und ihre Cybersicherheit insgesamt stärken.

Ein weiteres relevantes Rahmenwerk ist das Federal Risk and Authorization Management Program (FedRAMP), das für Cloud-Service-Anbieter gilt, die mit US-Bundesbehörden zusammenarbeiten. FedRAMP legt strenge Sicherheitsanforderungen fest, darunter robuste privilegierte Zugriffskontrollen. Cloud-Anbieter müssen PAM-Lösungen implementieren, die privilegierte Anmeldeinformationen sichern, Zugriffsbeschränkungen durchsetzen und eine kontinuierliche Überwachung privilegierter Sitzungen gewährleisten. Durch die Einhaltung der FedRAMP-Richtlinien können Cloud-Anbieter die Sicherheitsanforderungen des Bundes erfüllen und gleichzeitig Regierungsdaten schützen.

Die Cybersecurity Maturity Model Certification (CMMC) ist ein weiteres Framework, das die Sicherheit privilegierter Zugriffe betont, insbesondere für Organisationen, die mit dem US-Verteidigungsministerium zusammenarbeiten. CMMC umfasst spezifische Kontrollen für die Verwaltung privilegierter Zugriffe, wie z. B. die Durchsetzung des Prinzips der geringsten Privilegien, die Implementierung einer Sitzungsüberwachung und die Gewährleistung einer kontinuierlichen Bewertung der Sicherheit privilegierter Konten. Organisationen, die mit dem US-Verteidigungsministerium zusammenarbeiten möchten, müssen die Einhaltung des CMMC nachweisen, um sicherzustellen, dass sie die strengen Sicherheitsanforderungen erfüllen.

Angesichts der zunehmenden Cyberbedrohungen ist die Einhaltung dieser Standards und Rahmenbedingungen unerlässlich, um privilegierten Zugriff zu sichern und die Einhaltung gesetzlicher Vorschriften zu gewährleisten. Durch die Ausrichtung von PAM-Strategien an branchenüblichen Best Practices können Unternehmen strenge Zugriffskontrollen etablieren, Sicherheitsrisiken minimieren und ihre wichtigsten Ressourcen vor Cyberbedrohungen schützen.

Aufbau einer PAM-Strategie

Die Entwicklung einer umfassenden Privileged Access Management (PAM)-Strategie ist unerlässlich, um die wichtigsten Ressourcen eines Unternehmens zu schützen und das Risiko von Sicherheitsverletzungen zu reduzieren. Da privilegierte Konten die Schlüssel zu sensiblen Systemen und Daten enthalten, gewährleistet ein gut strukturierter PAM-Ansatz, dass der Zugriff kontrolliert, überwacht und geprüft wird. Ohne eine klare Strategie sind Unternehmen erheblichen Risiken ausgesetzt, darunter Diebstahl von Anmeldeinformationen, unbefugter Zugriff und Compliance-Verstöße. Eine starke PAM-Strategie basiert auf Schlüsselprinzipien wie dem Prinzip der geringsten Privilegien, kontinuierlicher Überwachung und Automatisierung, um die Sicherheit zu erhöhen und gleichzeitig die betriebliche Effizienz zu gewährleisten.

Die Grundlage einer PAM-Strategie bildet die Ermittlung privilegierter Konten. Unternehmen müssen zunächst alle privilegierten Konten in ihrer IT-Umgebung identifizieren, darunter Administratorkonten, Dienstkonten, Anwendungskonten und Zugangsdaten von Drittanbietern. Viele Unternehmen kämpfen mit der Ausbreitung von Privilegien, bei der sich privilegierte Konten im Laufe der Zeit ohne angemessene Kontrolle ansammeln. Ein automatisierter Erkennungsprozess hilft dabei, alle privilegierten Konten zu finden und stellt sicher, dass keines unverwaltet oder ungeschützt bleibt. Nach der Identifizierung müssen diese Konten anhand ihrer Zugriffsebenen, Kritikalität und der damit verbundenen Risiken kategorisiert werden.

Die Definition von Zugriffsrichtlinien ist ein entscheidender nächster Schritt beim Aufbau einer PAM-Strategie. Unternehmen sollten das Prinzip der geringsten Privilegien (PoLP) implementieren, um sicherzustellen, dass Benutzer nur den für ihre Aufgaben erforderlichen Mindestzugriff erhalten. Rollenbasierte Zugriffskontrolle (RBAC) und Just-in-Time-Zugriffsbereitstellung (JIT) erhöhen die Sicherheit zusätzlich, indem sie den Zugriff basierend auf vordefinierten Rollen einschränken und temporäre Berechtigungen nur bei Bedarf gewähren. Diese Richtlinien sollten regelmäßig überprüft werden, um sie an veränderte Geschäftsanforderungen und Sicherheitsbedrohungen anzupassen.

Die Verwaltung von Anmeldeinformationen ist eine weitere grundlegende Komponente von PAM. Privilegierte Passwörter sollten niemals weitergegeben oder an ungesicherten Orten gespeichert werden. Ein zentraler Passwort-Tresor ermöglicht es Unternehmen, sichere Passwortrichtlinien für privilegierte Konten sicher zu speichern, zu rotieren und durchzusetzen. Die automatisierte Passwortrotation stellt sicher, dass die Anmeldeinformationen regelmäßig geändert werden, wodurch das Risiko eines unbefugten Zugriffs durch gestohlene oder kompromittierte Passwörter reduziert wird. Zusätzlich sollte die Multi-Faktor-Authentifizierung (MFA) für alle privilegierten Zugriffe vorgeschrieben werden, um eine zusätzliche Sicherheitsebene über herkömmliche Passwörter hinaus zu bieten.

Sitzungsverwaltung und -überwachung spielen eine entscheidende Rolle bei der Erkennung und Verhinderung des Missbrauchs privilegierter Konten. Unternehmen sollten Sitzungsaufzeichnungen und Echtzeitüberwachung implementieren, um alle privilegierten Aktivitäten zu verfolgen. Tools für die Verwaltung privilegierter Sitzungen (PSM) bieten Einblick in Benutzeraktionen und ermöglichen es Sicherheitsteams, Anomalien zu erkennen, verdächtiges Verhalten zu untersuchen und Sicherheitsrichtlinien durchzusetzen. Aufgezeichnete Sitzungen dienen zudem als wertvolle Prüfprotokolle und unterstützen forensische Untersuchungen und Compliance-Berichte.

PAM sollte in bestehende Sicherheitsframeworks integriert werden, darunter Identity- und Access-Management-Systeme (IAM), Security-Information- und Event-Management-Lösungen (SIEM) und Plattformen für den Endpunktschutz. Diese Integrationen helfen Unternehmen, einen ganzheitlichen Überblick über ihre Sicherheitslage zu erhalten, privilegierte Zugriffsdaten mit umfassenden Bedrohungsinformationen zu korrelieren und die Reaktion auf Vorfälle zu automatisieren. Bei Erkennung einer Anomalie können automatisierte Bedrohungsreaktionsmechanismen den privilegierten Zugriff einschränken oder widerrufen, um potenzielle Sicherheitsvorfälle einzudämmen.

Schulung und Sensibilisierung sind für den Erfolg jeder PAM-Strategie unerlässlich. Mitarbeiter, Administratoren und Drittanbieter müssen die Bedeutung der Sicherheit privilegierter Zugriffe verstehen und Best Practices für den Umgang mit privilegierten Anmeldeinformationen befolgen. Regelmäßige Schulungen zum Sicherheitsbewusstsein stellen sicher, dass Benutzer wachsam gegenüber Social-Engineering-Angriffen, Phishing-Versuchen und unzulässigen Zugriffspraktiken bleiben. Unternehmen sollten außerdem klare Richtlinien für die Beantragung, Genehmigung und den Entzug privilegierter Zugriffe festlegen, um die Verantwortlichkeit zu wahren.

Compliance und Auditbereitschaft sind weitere Aspekte beim Aufbau einer PAM-Strategie. Regulatorische Rahmenbedingungen wie DSGVO, PCI DSS, HIPAA und NIST verlangen von Unternehmen die Durchsetzung strenger privilegierter Zugriffskontrollen und die Führung detaillierter Audit-Protokolle. PAM-Lösungen bieten automatisierte Reporting- und Compliance-Dashboards und unterstützen Unternehmen so beim Nachweis der Einhaltung gesetzlicher Vorschriften. Regelmäßige interne Audits und Zugriffsüberprüfungen stellen sicher, dass der privilegierte Zugriff den Sicherheitsrichtlinien und Branchenstandards entspricht.

Eine effektive PAM-Strategie ist keine einmalige Implementierung, sondern ein fortlaufender Prozess, der kontinuierlich verbessert werden muss. Da Unternehmen ihre digitale Präsenz erweitern, Cloud-basierte Umgebungen nutzen und neue Technologien integrieren, müssen sich ihre PAM-Richtlinien weiterentwickeln, um neuen Bedrohungen zu begegnen. Regelmäßige Risikobewertungen, Richtlinienaktualisierungen und Sicherheitsverbesserungen helfen Unternehmen, Angreifern immer einen Schritt voraus zu sein und eine starke Sicherheitslage zu gewährleisten. Durch Automatisierung, KI-gestützte Analysen und Best Practices können Unternehmen eine robuste PAM-Strategie entwickeln, die Risiken minimiert und gleichzeitig ein sicheres und effizientes Privileged Access Management ermöglicht.

Bewertung Ihrer privilegierten Kontolandschaft

Das Verständnis und die Bewertung der privilegierten Kontolandschaft innerhalb eines Unternehmens sind ein grundlegender Schritt für den Aufbau einer starken Privileged Access Management (PAM)-Strategie. Ohne eine umfassende Bewertung sind Unternehmen dem Risiko nicht verwalteter privilegierter Konten, übermäßiger Zugriffsrechte und potenzieller Sicherheitslücken ausgesetzt. Eine ordnungsgemäße Bewertung ermöglicht es, Risiken zu identifizieren, notwendige Kontrollen zu implementieren und die Einhaltung von Sicherheitsrichtlinien und gesetzlichen Anforderungen sicherzustellen.

Der erste Schritt bei der Bewertung privilegierter Konten besteht darin, alle Konten mit erweiterten Zugriffsrechten im gesamten Unternehmen zu identifizieren. Dazu gehören Administratorkonten, Dienstkonten, Anwendungskonten und Konten mit erhöhten Berechtigungen in Cloud-Umgebungen. Viele Unternehmen kämpfen mit der Ausbreitung von Privilegien, bei der sich im Laufe der Zeit ohne angemessene Kontrolle übermäßige Zugriffsrechte ansammeln. Die Durchführung eines Kontoermittlungsprozesses mit automatisierten Tools hilft Unternehmen, alle privilegierten Konten zu finden und sicherzustellen, dass keines unverwaltet bleibt.

Sobald privilegierte Konten identifiziert sind, besteht der nächste Schritt darin, ihre Nutzungsmuster und Zugriffsebenen zu analysieren.

Nicht alle privilegierten Konten benötigen die gleiche Zugriffsebene, und Unternehmen müssen Konten nach Funktion und Sensibilität kategorisieren. Konten, die Zugriff auf kritische Systeme, Datenbanken oder Infrastrukturen ermöglichen, sollten für erweiterte Sicherheitskontrollen wie Multi-Faktor-Authentifizierung (MFA), Sitzungsüberwachung und strenge Kennwortrichtlinien priorisiert werden.

Ein wesentlicher Bestandteil der Bewertung der privilegierten Kontolandschaft ist das Verständnis des Lebenszyklus privilegierter Zugriffe. Unternehmen müssen festlegen, wie privilegierte Konten erstellt, zugewiesen, verwendet und außer Betrieb genommen werden. Ohne ordnungsgemäße Governance können Konten lange nach ihrer Verwendung aktiv bleiben, was das Risiko eines unbefugten Zugriffs erhöht. Die Implementierung eines strukturierten Ansatzes für die Verwaltung privilegierter Konten stellt sicher, dass Konten nur für legitime Zwecke verfügbar sind und gesperrt werden, wenn sie nicht mehr benötigt werden.

Die Bewertung privilegierter Konten umfasst auch die Überprüfung bestehender Zugriffsrichtlinien und -kontrollen. Unternehmen sollten prüfen, ob ihre aktuellen Richtlinien das Prinzip der geringsten Privilegien umsetzen und sicherstellen, dass Benutzer und Anwendungen nur über die für ihre Aufgaben erforderlichen Mindestberechtigungen verfügen. Werden übermäßige Berechtigungen festgestellt, sollten Unternehmen umgehend Maßnahmen ergreifen, um den Zugriff zu beschränken und strengere Richtlinien für die rollenbasierte Zugriffskontrolle (RBAC) durchzusetzen.

Die Überwachung und Prüfung privilegierter Zugriffe ist ein wichtiger Aspekt des Bewertungsprozesses. Unternehmen sollten Protokollierung und Sitzungsaufzeichnung implementieren, um die Aktivitäten privilegierter Konten zu verfolgen. Regelmäßige Prüfungen helfen, unbefugte Zugriffsversuche, Privilegienmissbrauch und potenzielle Sicherheitsbedrohungen zu erkennen. Automatisierte Warnmeldungen und Mechanismen zur Anomalieerkennung erhöhen die Sicherheit, indem sie Sicherheitsteams über verdächtige Aktivitäten informieren und so eine sofortige Reaktion und Schadensbegrenzung ermöglichen.

Bei der Bewertung privilegierter Konten muss auch der Zugriff Dritter berücksichtigt werden. Viele Unternehmen gewähren externen Anbietern, Auftragnehmern und Partnern privilegierten Zugriff, was das Risiko von Sicherheitsverletzungen erhöht. Die Implementierung von Just-in-Time-Zugriff (JIT) und temporären Mechanismen zur Rechteausweitung stellt sicher, dass Drittanbieter nur zeitlich begrenzten und für bestimmte Aufgaben Zugriff erhalten. Dadurch wird das Risiko dauerhafter privilegierter Zugriffe reduziert.

Eine umfassende Bewertung privilegierter Konten sollte auch eine Überprüfung der Passwortverwaltung umfassen. Schwache, gemeinsam genutzte oder statische Passwörter stellen ein erhebliches Sicherheitsrisiko dar. Unternehmen sollten eine automatisierte Passwortrotation implementieren, strenge Passwortrichtlinien durchsetzen und sichere Tresorlösungen zur Speicherung privilegierter Anmeldeinformationen nutzen. Diese Maßnahmen tragen dazu bei, den Diebstahl von Anmeldeinformationen und den unbefugten Zugriff auf privilegierte Konten zu verhindern.

Regelmäßige Bewertungen der privilegierten Kontolandschaft sollten eine kontinuierliche Praxis und keine einmalige Maßnahme sein. Cyber-Bedrohungen entwickeln sich ständig weiter, und Unternehmen müssen ihre PAM-Strategien entsprechend anpassen. Durch die kontinuierliche Bewertung privilegierter Konten, die Durchsetzung von Zugriffskontrollen und die Überwachung privilegierter Aktivitäten können Unternehmen ihre allgemeine Sicherheitslage stärken und das Risiko privilegienbezogener Sicherheitsverletzungen minimieren.

Ermittlung und Inventarisierung privilegierter Konten

Die Identifizierung und Verwaltung privilegierter Konten ist ein entscheidender erster Schritt bei der Implementierung einer robusten Privileged Access Management (PAM)-Strategie. Viele Unternehmen kämpfen mit versteckten oder unverwalteten privilegierten Konten, die Sicherheitslücken schaffen und das Risiko unbefugten Zugriffs erhöhen können. Bei der Ermittlung und Inventarisierung privilegierter Konten werden alle privilegierten Konten in der IT-Umgebung eines Unternehmens lokalisiert, katalogisiert und bewertet, um deren ordnungsgemäße Sicherung und Überwachung zu gewährleisten.

Privilegierte Konten gibt es in verschiedenen Formen, darunter Administratorkonten, Dienstkonten, Anwendungskonten und Domänenkonten. Diese Konten verfügen häufig über erweiterte Berechtigungen, die es Benutzern oder Systemen ermöglichen, Konfigurationen zu ändern, auf vertrauliche Daten zuzugreifen oder kritische Infrastrukturen zu steuern. Ohne ordnungsgemäße Erkennung und Bestandsverwaltung können diese Konten ein erhebliches Sicherheitsrisiko darstellen, wenn sie nicht überprüft werden oder die Anmeldeinformationen kompromittiert werden.

Der erste Schritt bei der Erkennung privilegierter Konten besteht darin, die IT-Umgebung zu scannen, um alle vorhandenen privilegierten Konten zu identifizieren. Dieser Prozess sollte lokale Systeme, Cloud-Umgebungen, Datenbanken und Netzwerkgeräte umfassen. Automatisierte Erkennungstools helfen Unternehmen, Konten zu erkennen, die möglicherweise vergessen, aufgegeben oder ohne ordnungsgemäße Kontrolle erstellt wurden. Diese Tools können Active Directory, Cloud-Plattformen und andere Systeme analysieren, um eine umfassende Liste privilegierter Konten zu erstellen.

Sobald privilegierte Konten entdeckt werden, müssen Unternehmen diese anhand ihrer Zugriffsebene, Nutzungsmuster und Sicherheitsrisiken klassifizieren. Hochrisikokonten, wie Domänenadministratoren oder Root-Konten, erfordern strengere Kontrollen und Überwachung als Dienstkonten mit geringeren Berechtigungen. Durch die Kategorisierung von Konten können Sicherheitsteams Maßnahmen zur Risikominderung priorisieren und entsprechende Zugriffskontrollen implementieren.

Zu einem effektiven Inventarisierungsprozess gehört auch die Nachverfolgung der Kontoinhaberschaft und das Lebenszyklusmanagement. Unternehmen müssen jedem privilegierten Konto eindeutige Inhaber zuordnen, um die Verantwortlichkeit zu gewährleisten. Darüber hinaus sollten regelmäßige Audits durchgeführt werden, um die Zugriffsrechte zu überprüfen und nicht mehr benötigte Konten zu identifizieren. Verwaiste Konten – privilegierte Konten, die keinem aktiven Mitarbeiter oder System mehr zugeordnet sind – stellen ein erhebliches Sicherheitsrisiko dar und sollten umgehend deaktiviert oder entfernt werden.

Das Inventar privilegierter Konten sollte kontinuierlich aktualisiert werden, um Änderungen in der IT-Umgebung Rechnung zu tragen. Wenn Mitarbeiter ihre Rollen wechseln, Anwendungen außer Betrieb genommen oder neue Systeme eingeführt werden, entwickeln sich die Anforderungen an den privilegierten Zugriff. Durch die Führung eines aktuellen Inventars behalten Unternehmen den Überblick darüber, wer privilegierten Zugriff hat und ob dieser den Sicherheitsrichtlinien entspricht.

Ein weiterer wichtiger Aspekt der Erkennung und Inventarisierung privilegierter Konten ist die Durchsetzung von Kennwortverwaltungsrichtlinien. Viele privilegierte Konten basieren auf statischen Passwörtern, die bei längerer Nichtänderung anfällig für Anmeldeinformationsdiebstahl werden. Eine zentralisierte PAM-Lösung kann in die Inventarisierung privilegierter Konten integriert werden, um Kennwortrotation, Multi-Faktor-Authentifizierung (MFA) und Zugriffsgenehmigungs-Workflows durchzusetzen.

Die Ermittlung und Inventarisierung privilegierter Konten spielt auch bei der Einhaltung gesetzlicher Vorschriften eine wichtige Rolle. Standards wie DSGVO, PCI DSS und ISO 27001 erfordern von Unternehmen Transparenz über privilegierte Zugriffe und die Durchsetzung strenger Zugriffskontrollen. Durch die Führung eines genauen Inventars privilegierter Konten können Unternehmen die Einhaltung von Branchenvorschriften nachweisen und das Risiko von Sicherheitsverletzungen reduzieren.

Durch die proaktive Erkennung, Kategorisierung und Verwaltung privilegierter Konten können Unternehmen die Angriffsfläche reduzieren und ihre allgemeine Sicherheitslage stärken. Ein gut gepflegtes Inventar privilegierter Konten bildet die Grundlage für eine effektive PAM-Implementierung und stellt sicher, dass der privilegierte Zugriff kontrolliert, überwacht und an die Sicherheitsanforderungen des Unternehmens angepasst wird.

Grundlegendes zu Zugriffsebenen und Rollen

Privileged Access Management (PAM) basiert auf einem strukturierten Ansatz zur Zugriffskontrolle und stellt sicher, dass Benutzer und Systeme nur die Berechtigungen erhalten, die sie für ihre jeweiligen Aufgaben benötigen. Ein grundlegender Aspekt von PAM ist die Klassifizierung von Zugriffsebenen und die Zuweisung von Rollen. Dies hilft Unternehmen, bewährte Sicherheitspraktiken durchzusetzen und gleichzeitig die betriebliche Effizienz aufrechtzuerhalten. Ohne klare Definitionen von Zugriffsebenen und Rollen riskieren Unternehmen eine übermäßige Verteilung von Berechtigungen, unbefugten Zugriff und ein erhöhtes Risiko von Sicherheitsbedrohungen.

Zugriffsebenen definieren den Grad der Kontrolle, den ein Benutzer oder System über Ressourcen, Anwendungen und Daten hat. Organisationen unterteilen den Zugriff grundsätzlich in drei Hauptkategorien: Standardbenutzer, privilegierte Benutzer und Administratoren. Standardbenutzer verfügen über minimale Berechtigungen und können grundlegende Aufgaben ausführen, ohne kritische Einstellungen zu ändern. Privilegierte Benutzer, wie z. B. IT-Supportmitarbeiter oder Anwendungsmanager, haben erweiterten Zugriff, um Wartungs- oder Fehlerbehebungsaufgaben durchzuführen. Administratoren, oft als Superuser oder Domänenadministratoren bezeichnet, verfügen über die höchste Kontrollebene und können Systeme konfigurieren, Benutzerkonten verwalten und Sicherheitseinstellungen überschreiben.

Rollen bieten eine strukturierte Möglichkeit, Zugriffsrechte basierend auf Aufgabenbereichen statt auf einzelnen Benutzern zuzuweisen. Die rollenbasierte Zugriffskontrolle (RBAC) ist eine weit verbreitete

Methode im PAM-Bereich und stellt sicher, dass Benutzer nur die Berechtigungen erhalten, die sie für ihre spezifischen Rollen benötigen. Beispielsweise kann ein Datenbankadministrator (DBA) berechtigt sein, Datenbankschemata zu ändern und Backups zu verwalten, während ein Finanzadministrator Zugriff auf Finanzdaten hat, ohne Systemkonfigurationen ändern zu können. Die Definition von Rollen verhindert eine schleichende Rechteausweitung, bei der Benutzer im Laufe der Zeit aufgrund von Änderungen in ihren Zuständigkeiten übermäßig viele Berechtigungen ansammeln.

Unternehmen können die Zugriffskontrolle mithilfe der attributbasierten Zugriffskontrolle (ABAC) weiter verfeinern. Diese berücksichtigt zusätzliche Parameter wie Standort, Gerätetyp und Zugriffszeitpunkt. ABAC erhöht die Sicherheit durch die Durchsetzung dynamischer Richtlinien und stellt sicher, dass der Zugriff nur unter bestimmten Bedingungen gewährt wird. Beispielsweise kann einem privilegierten Benutzer der Zugriff auf ein System nur während der Geschäftszeiten aus einem Unternehmensnetzwerk gestattet werden, der Zugriff von einem externen Standort jedoch verweigert werden.

Ein weiterer wichtiger Aspekt des Zugriffsmanagements ist das Prinzip der geringsten Privilegien (PoLP). Es schreibt vor, dass Benutzern und Systemen nur der für die Erfüllung ihrer Aufgaben erforderliche Mindestzugriff gewährt werden sollte. Die Durchsetzung von PoLP reduziert das Risiko des Missbrauchs von Privilegien, sei es durch böswillige Insider, externe Angreifer oder versehentliche Aktionen. PAM-Lösungen unterstützen PoLP durch Just-in-Time-Zugriff (JIT). Dieser gewährt vorübergehend erhöhte Privilegien nur bei Bedarf und entzieht sie nach Gebrauch.

Die Funktionstrennung (SoD) ist ein weiterer wichtiger Kontrollmechanismus, der Interessenkonflikte verhindert und Betrugsrisiken reduziert. SoD stellt sicher, dass kein einzelner Benutzer die Kontrolle über mehrere kritische Prozesse hat. Beispielsweise sollte ein Mitarbeiter, der für die Zahlungsabwicklung zuständig ist, nicht gleichzeitig die Befugnis haben, diese Zahlungen zu genehmigen. Durch die Durchsetzung von SoD durch klar definierte Zugriffsrollen können Unternehmen unbefugte Aktivitäten verhindern und die Verantwortlichkeit erhöhen.

Die Überwachung und Prüfung von Zugriffsebenen und Rollen ist für die langfristige Aufrechterhaltung der Sicherheit unerlässlich. Regelmäßige Zugriffsüberprüfungen helfen Unternehmen, übermäßige oder veraltete Berechtigungen zu identifizieren und sicherzustellen, dass die Rollen den aktuellen Geschäftsanforderungen entsprechen. Automatisierte Prüftools können Änderungen an Berechtigungen verfolgen, Anomalien erkennen und Compliance-Berichte für gesetzliche Anforderungen erstellen. Durch die kontinuierliche Überwachung von Zugriffszuweisungen und die Verfeinerung von Rollendefinitionen stärken Unternehmen ihre Sicherheit und minimieren Risiken durch Privilegienmissbrauch.

Das Verständnis von Zugriffsebenen und Rollen ist für eine sichere PAM-Strategie von grundlegender Bedeutung. Durch die Implementierung strukturierter rollenbasierter Zugriffskontrollen, die Durchsetzung des Prinzips der geringsten Privilegien und die regelmäßige Überprüfung von Zugriffszuweisungen können Unternehmen privilegierte Zugriffe effektiv verwalten, Sicherheitsrisiken reduzieren und die Einhaltung von Branchenstandards gewährleisten.

Entwickeln einer Richtlinie für privilegierten Zugriff

Eine Privileged Access Policy dient als Grundlage für die Verwaltung und Sicherung privilegierter Konten innerhalb eines Unternehmens. Sie legt Richtlinien, Regeln und Best Practices fest, um sicherzustellen, dass privilegierter Zugriff strukturiert und sicher gewährt, überwacht und widerrufen wird. Ohne eine klar definierte Richtlinie riskieren Unternehmen unbefugten Zugriff, Missbrauch von Berechtigungen und Compliance-Verstöße, wodurch kritische Systeme anfällig für Cyber-Bedrohungen werden.

Der erste Schritt bei der Entwicklung einer Richtlinie für privilegierten Zugriff besteht darin, den Umfang des privilegierten Zugriffs zu ermitteln. Unternehmen müssen festlegen, welche Konten, Systeme und Anwendungen erweiterte Berechtigungen benötigen. Zu den privilegierten Konten können IT-Administratoren, Dienstkonten, Anwendungskonten und Anmeldeinformationen von Drittanbietern gehören. Durch die Definition des Umfangs können Unternehmen sicherstellen, dass alle privilegierten Konten durch Sicherheitskontrollen abgedeckt sind und nicht unkontrolliert bleiben.

Die Definition von Rollen und Verantwortlichkeiten ist ein weiterer wesentlicher Aspekt einer Richtlinie für privilegierten Zugriff. Unternehmen müssen festlegen, wer für die Gewährung, Überprüfung und den Entzug privilegierter Zugriffe verantwortlich ist. Sicherheitsteams, IT-Administratoren und Compliance-Beauftragte arbeiten in der Regel zusammen, um die Zugriffskontrollen durchzusetzen. Die eindeutige Zuweisung von Eigentümern privilegierter Konten gewährleistet Verantwortlichkeit und verhindert eine unbefugte Rechteausweitung.

Zugriffskontrollprinzipien wie das Prinzip der geringsten Privilegien (PoLP) und die Funktionstrennung (SoD) sollten in die Richtlinie integriert werden. Das PoLP stellt sicher, dass Benutzer nur den für ihre Aufgaben erforderlichen Mindestzugriff erhalten, wodurch das Risiko eines Privilegienmissbrauchs verringert wird. SoD verhindert Interessenkonflikte, indem es sicherstellt, dass kein einzelner Benutzer übermäßige Kontrolle über kritische Prozesse wie die Genehmigung und Ausführung von Finanztransaktionen hat.

Authentifizierungsanforderungen sollten in der Richtlinie klar definiert sein. Starke Authentifizierungsmechanismen wie die Multi-Faktor-Authentifizierung (MFA) sollten für alle privilegierten Konten erzwungen werden. Die Implementierung von MFA bietet eine zusätzliche Sicherheitsebene und erschwert es Angreifern deutlich, privilegierte Anmeldeinformationen durch Phishing oder Credential-Stuffing-Angriffe zu kompromittieren.

Die Richtlinie sollte auch Richtlinien für die Verwaltung privilegierter Sitzungen enthalten. Unternehmen müssen Verfahren zur Überwachung, Aufzeichnung und Prüfung privilegierter Sitzungen einrichten, um verdächtige Aktivitäten zu erkennen. Tools zur Überwachung privilegierter Sitzungen helfen Sicherheitsteams,

Benutzeraktionen in Echtzeit zu verfolgen. Dies liefert wertvolle Einblicke in potenzielle Sicherheitsbedrohungen und gewährleistet die Einhaltung branchenspezifischer Vorschriften.

Ein weiterer wichtiger Bestandteil der privilegierten Zugriffsrichtlinie ist die Verwaltung der Anmeldeinformationen. Unternehmen sollten die Verwendung sicherer Passwort-Tresore, automatisierte Passwortrotation und strenge Passwortrichtlinien vorschreiben, um den Missbrauch von Anmeldeinformationen zu verhindern. Statische oder gemeinsam genutzte Passwörter sollten durch dynamische, häufig rotierte und von PAM-Lösungen verwaltete Anmeldeinformationen ersetzt werden.

Regelmäßige Zugriffsüberprüfungen und Audits sollten in die Richtlinie integriert werden, um sicherzustellen, dass privilegierte Konten langfristig angemessen verwaltet werden. Regelmäßige Zugriffsüberprüfungen helfen, inaktive oder unnötige Konten zu identifizieren. So können Unternehmen unnötige Berechtigungen widerrufen und Sicherheitsrisiken minimieren. Automatisierte Audit- und Berichtsfunktionen optimieren diesen Prozess und gewährleisten die kontinuierliche Einhaltung von Sicherheitsstandards.

Eine klar definierte Richtlinie für privilegierten Zugriff muss auch die Zugriffsverwaltung Dritter berücksichtigen. Lieferanten, Auftragnehmer und externe Partner benötigen häufig vorübergehend privilegierten Zugriff auf kritische Systeme. Die Richtlinie sollte strenge Genehmigungsabläufe, Just-in-Time-Zugriffsbereitstellung (JIT) und eine kontinuierliche Überwachung privilegierter Sitzungen Dritter vorschreiben. Die Implementierung zeitbasierter Zugriffsbeschränkungen stellt sicher, dass Dritte nur bei Bedarf Zugriff haben, wodurch das Sicherheitsrisiko reduziert wird.

Die Vorgehensweisen zur Reaktion auf Vorfälle und zur Eindämmung von Sicherheitsverletzungen sollten in der Richtlinie klar umrissen sein. Im Falle eines kompromittierten privilegierten Kontos müssen Unternehmen über vordefinierte Protokolle für den Entzug des Zugriffs, die Durchführung forensischer Untersuchungen und die Minimierung weiterer Risiken verfügen. Automatisierte Bedrohungserkennungsmechanismen können helfen, Anomalien zu identifizieren und sofortige Maßnahmen einzuleiten, um die Auswirkungen von Sicherheitsverletzungen zu minimieren.

Die Entwicklung einer Richtlinie für privilegierten Zugriff ist kein einmaliger Aufwand, sondern ein fortlaufender Prozess. Da sich Cyberbedrohungen weiterentwickeln und regulatorische Anforderungen ändern, müssen Unternehmen ihre Richtlinien kontinuierlich aktualisieren und optimieren. Regelmäßige Richtlinienüberprüfungen, Mitarbeiterschulungen und Verbesserungen der PAM-Technologie gewährleisten, dass privilegierter Zugriff sicher bleibt und den Geschäfts- und Sicherheitszielen entspricht. Durch die Implementierung einer umfassenden Richtlinie für privilegierten Zugriff können Unternehmen ihre wichtigsten Ressourcen schützen, gleichzeitig die Compliance gewährleisten und das Risiko privilegierter Cyberbedrohungen reduzieren.

Zugriffsgenehmigung und Governance

Zugriffsgenehmigung und -verwaltung sind wichtige Komponenten des Privileged Access Management (PAM). Sie gewährleisten, dass privilegierter Zugriff auf Grundlage von Sicherheitsrichtlinien, Geschäftsanforderungen und Compliance-Anforderungen gewährt wird. Ohne strukturierte Genehmigungsworkflows und Verwaltungsmechanismen riskieren Unternehmen unbefugten Zugriff, Privilegienmissbrauch und Verstöße gegen gesetzliche Vorschriften. All dies kann zu Sicherheitsverletzungen und Betriebsstörungen führen.

Der Zugriffsgenehmigungsprozess beginnt mit der Definition klarer Kriterien für die Gewährung privilegierten Zugriffs. Organisationen müssen rollenbasierte Zugriffskontrollen (RBAC) einrichten, um sicherzustellen, dass Benutzer nur die für ihre Aufgaben erforderlichen Berechtigungen erhalten. Dies verhindert eine schleichende Ausweitung der Berechtigungen, bei der Benutzer im Laufe der Zeit übermäßig viele Zugriffsrechte anhäufen und so das Risiko von

Insider-Bedrohungen und unbefugten Aktionen erhöhen. Just-in-Time-Zugriffsmodelle (JIT) erhöhen die Sicherheit zusätzlich, indem sie vorübergehend erhöhte Berechtigungen nur bei Bedarf gewähren und diese nach Gebrauch automatisch wieder entziehen.

Ein formalisierter Anforderungs- und Genehmigungsworkflow ist unerlässlich, um sicherzustellen, dass privilegierter Zugriff auf Grundlage legitimer Geschäftsanforderungen gewährt wird. Zugriffsanfragen sollten mehrere Überprüfungsebenen durchlaufen, an denen in der Regel der Vorgesetzte des Antragstellers, IT-Administratoren und Sicherheitsteams beteiligt sind. Automatisierte PAM-Lösungen erleichtern diesen Prozess, indem sie vordefinierte Genehmigungsrichtlinien durchsetzen, Anfragen verfolgen und einen Prüfpfad der Zugriffsentscheidungen führen.

Die Governance im PAM geht über die anfängliche Zugriffsgenehmigung hinaus und umfasst die kontinuierliche Überwachung privilegierter Konten. Regelmäßige Zugriffsüberprüfungen helfen Unternehmen, unnötige Berechtigungen, inaktive Konten und potenzielle Sicherheitsrisiken zu identifizieren. Regelmäßige Zertifizierungen, bei denen Manager und Sicherheitsteams die Benutzerberechtigungen erneut validieren, stellen sicher, dass der Zugriff auch langfristig angemessen bleibt. Diese Überprüfungen unterstützen auch die Einhaltung von Vorschriften wie DSGVO, SOX und PCI DSS, die strenge Zugriffskontrollen und Audits vorschreiben.

Die Überwachung und Prüfung privilegierter Sitzungen ist ein wichtiges Governance-Maßnahmenpaket, das die Transparenz privilegierter Aktivitäten verbessert. Unternehmen sollten Sitzungsaufzeichnungen und Echtzeitüberwachung implementieren, um Benutzeraktionen zu verfolgen, verdächtiges Verhalten zu erkennen und den Missbrauch erhöhter Berechtigungen zu verhindern. Die Protokollierung aller privilegierten Aktivitäten ermöglicht Sicherheitsteams forensische Untersuchungen und gewährleistet so die Rechenschaftspflicht und Einhaltung von Branchenstandards.

Die Zugriffskontrolle von Drittanbietern ist ein weiterer wichtiger Aspekt des Privileged Access Managements. Anbieter, Auftragnehmer und Partner benötigen häufig vorübergehend privilegierten Zugriff, um bestimmte Aufgaben auszuführen. Unternehmen müssen strenge Genehmigungsabläufe und zeitlich begrenzte Zugriffe durchsetzen und die privilegierten Aktivitäten von Drittanbietern kontinuierlich überwachen, um das Sicherheitsrisiko zu minimieren.

Auch Incident-Response-Verfahren sollten in die Access-Governance-Frameworks integriert werden. Bei Missbrauch von Berechtigungen oder vermuteten Sicherheitsverletzungen benötigen Unternehmen vordefinierte Protokolle für den Entzug des Zugriffs, die Untersuchung von Anomalien und die Risikominimierung. Automatisierte Bedrohungserkennungsmechanismen in PAM-Lösungen können abnormales privilegiertes Verhalten identifizieren und sofortige Sicherheitsmaßnahmen einleiten.

Effektive Zugriffsgenehmigung und -verwaltung erfordern eine Kombination aus Richtliniendurchsetzung, Automatisierung und kontinuierlicher Überwachung. Durch die Implementierung strukturierter Genehmigungsworkflows, regelmäßige Zugriffsüberprüfungen und die Integration der Überwachung privilegierter Sitzungen können Unternehmen eine sichere und konforme Umgebung für privilegierten Zugriff gewährleisten. Diese Praktiken tragen dazu bei, die mit privilegierten Konten verbundenen Risiken zu minimieren und gleichzeitig einen effizienten und sicheren Geschäftsbetrieb zu gewährleisten.

Implementierung von Least-Privilege-Prinzipien

Das Prinzip der geringsten Privilegien (PoLP) ist ein grundlegendes Sicherheitskonzept, das sicherstellt, dass Benutzern, Anwendungen und Systemen nur der für ihre Aufgaben erforderliche Mindestzugriff gewährt wird. Durch die Einschränkung von Berechtigungen verringern Unternehmen das Risiko von unbefugtem Zugriff, Privilegienmissbrauch und Sicherheitsverletzungen. Die

Implementierung des Prinzips der geringsten Privilegien ist ein wichtiger Bestandteil des Privileged Access Management (PAM) und trägt zur Stärkung der allgemeinen Cybersicherheit eines Unternehmens bei.

Der erste Schritt bei der Implementierung des Least-Privilege-Prinzips ist eine umfassende Bewertung der bestehenden Zugriffsrechte. Unternehmen müssen alle Benutzerkonten, Anwendungen und Systeme überprüfen, um deren aktuelle Berechtigungsstufen zu ermitteln. Viele Unternehmen leiden unter schleichender Berechtigungszunahme, d. h. Benutzer sammeln im Laufe der Zeit übermäßig viele Berechtigungen an. Eine gründliche Prüfung hilft, überprivilegierte Konten zu identifizieren und bildet die Grundlage für die Durchsetzung von Least-Privilege-Richtlinien.

Sobald die Berechtigungen bewertet sind, sollten Unternehmen eine rollenbasierte Zugriffskontrolle (RBAC) implementieren, um die Berechtigungen basierend auf den jeweiligen Rollen zu standardisieren. Anstatt einzelnen Benutzern benutzerdefinierte Berechtigungen zu erteilen, weist RBAC die Zugriffsrechte anhand vordefinierter Rollen zu. Beispielsweise kann ein Helpdesk-Techniker Passwörter zurücksetzen, aber keine Systemkonfigurationen ändern. Durch die Implementierung von RBAC stellen Unternehmen sicher, dass der Zugriff basierend auf den Geschäftsanforderungen und nicht auf individuellen Anfragen gewährt wird.

Just-in-Time-Zugriff (JIT) ist eine weitere effektive Strategie zur Durchsetzung des Prinzips der geringsten Privilegien. Anstatt dauerhafte Administratorrechte zu gewähren, ermöglicht JIT-Zugriff Benutzern, erweiterte Berechtigungen nur bei Bedarf und für einen begrenzten Zeitraum anzufordern. Temporärer Zugriff reduziert das Zeitfenster für Angreifer, privilegierte Anmeldeinformationen auszunutzen. Automatisierte PAM-Lösungen können JIT-Zugriff erleichtern, indem sie Berechtigungen dynamisch basierend auf Genehmigungsworkflows bereitstellen und entziehen.

Anwendungs- und Dienstkonten müssen zudem dem Prinzip der geringsten Berechtigung folgen. Viele Anwendungen werden standardmäßig mit übermäßigen Berechtigungen ausgeführt, was das Missbrauchsrisiko erhöht. Unternehmen sollten die Berechtigungen von Dienstkonten überprüfen und einschränken, um sicherzustellen, dass sie nur den für ihre spezifischen Funktionen erforderlichen Zugriff haben. Die Implementierung von Lösungen zur Anmeldeinformationsverwaltung, wie z. B. Passwort-Vaulting und automatisierte Rotation, verringert das Risiko eines Anmeldeinformationsmissbrauchs zusätzlich.

Um unbefugten Zugriff zu verhindern, sollte für alle privilegierten Konten die Multi-Faktor-Authentifizierung (MFA) erzwungen werden. Selbst wenn ein Angreifer die Anmeldeinformationen eines Benutzers erhält, bietet MFA eine zusätzliche Sicherheitsebene und erfordert eine zweite Authentifizierungsform, beispielsweise ein mobiles Token oder eine biometrische Verifizierung.

Die Überwachung und Prüfung privilegierter Zugriffe ist für die Aufrechterhaltung des Prinzips der geringsten Privilegien unerlässlich. Unternehmen sollten Echtzeit-Protokollierung und Sitzungsaufzeichnung implementieren, um privilegierte Aktivitäten zu verfolgen. Zeigt ein Konto ungewöhnliches Verhalten, beispielsweise den Zugriff auf sensible Systeme außerhalb der normalen Arbeitszeiten, können Sicherheitsteams dies untersuchen und Maßnahmen ergreifen. Automatisierte Tools zur Anomalieerkennung erhöhen die Sicherheit zusätzlich, indem sie potenziellen Privilegienmissbrauch identifizieren.

Regelmäßige Zugriffsüberprüfungen stellen sicher, dass die Berechtigungen den Geschäftsanforderungen entsprechen. Wenn Mitarbeiter ihre Rolle wechseln oder das Unternehmen verlassen, sollten ihre Zugriffsrechte entsprechend angepasst werden. Automatisierte PAM-Lösungen können Zugriffsüberprüfungsprozesse optimieren, indem sie detaillierte Berichte über Berechtigungszuweisungen und Nutzungsmuster bereitstellen.

Durch die Implementierung von Least-Privilege-Prinzipien minimieren Unternehmen Sicherheitsrisiken und erhalten gleichzeitig die betriebliche Effizienz. Die Durchsetzung von Least-Privilege-Prinzipien durch RBAC, JIT-Zugriff, Anmeldeinformationsverwaltung und kontinuierliche Überwachung stellt sicher, dass Benutzer und Systeme nur den für ihre Aufgaben erforderlichen Zugriff haben.

Dieser proaktive Ansatz stärkt die Cybersicherheit, reduziert Insider-Bedrohungen und verbessert die Einhaltung gesetzlicher Vorschriften.

Authentifizierungsmechanismen für privilegierte Konten

Die Authentifizierung ist eine wichtige Komponente des Privileged Access Management (PAM). Sie stellt sicher, dass nur autorisierte Benutzer auf privilegierte Konten zugreifen können. Angesichts der hohen Zugriffsrechte, die diese Konten bieten, sind starke Authentifizierungsmechanismen erforderlich, um sie vor unbefugter Nutzung, Diebstahl von Anmeldeinformationen und Cyberangriffen zu schützen. Unternehmen müssen robuste Authentifizierungskontrollen implementieren, um die Identität von Benutzern zu überprüfen, bevor sie Zugriff auf sensible Systeme und Administratorrechte gewähren.

Die Grundlage der Authentifizierung für privilegierte Konten bildet die Passwortsicherheit. Passwörter bleiben zwar eine primäre Authentifizierungsmethode, doch die ausschließliche Verwendung dieser Passwörter birgt erhebliche Sicherheitsrisiken. Schwache, wiederverwendete oder leicht zu erratende Passwörter machen privilegierte Konten anfällig für Brute-Force-Angriffe, Phishing und Credential Stuffing. Um diese Risiken zu minimieren, müssen Unternehmen strenge Passwortrichtlinien durchsetzen, darunter komplexe Passwortanforderungen, regelmäßige Rotation und sichere Speicherung mithilfe von Passwort-Tresoren.

Die Multi-Faktor-Authentifizierung (MFA) ist eine entscheidende Erweiterung der passwortbasierten Authentifizierung. MFA erfordert von Benutzern die Angabe zusätzlicher Verifizierungsfaktoren über das Passwort hinaus. Diese Faktoren lassen sich typischerweise in drei Kategorien einteilen: etwas, das der Benutzer weiß (Passwort oder PIN), etwas, das der Benutzer besitzt (Sicherheitstoken oder mobiler Authentifikator) und etwas, das der Benutzer ist (biometrische

Verifizierung wie Fingerabdruck oder Gesichtserkennung). Die Implementierung von MFA für privilegierte Konten reduziert das Risiko eines unbefugten Zugriffs erheblich, selbst wenn die Anmeldeinformationen kompromittiert sind.

Ein weiterer wichtiger Authentifizierungsmechanismus ist die Public-Key-Infrastruktur (PKI). PKI nutzt digitale Zertifikate und kryptografische Schlüsselpaare zur sicheren Benutzerauthentifizierung. Anstatt sich auf Passwörter zu verlassen, authentifizieren sich Benutzer mit einem privaten Schlüssel, der auf einem sicheren Gerät wie einer Smartcard oder einem Hardware-Sicherheitsmodul (HSM) gespeichert ist. Diese Methode gewährleistet eine starke Authentifizierung und eliminiert gleichzeitig die mit der passwortbasierten Authentifizierung verbundenen Risiken.

Single Sign-On (SSO)-Lösungen vereinfachen die Authentifizierung für privilegierte Benutzer, indem sie ihnen den Zugriff auf mehrere Systeme mit einem einzigen Satz Anmeldeinformationen ermöglichen. SSO verbessert zwar die Benutzerfreundlichkeit und reduziert die Passwortmüdigkeit, muss aber zusammen mit starken Authentifizierungskontrollen implementiert werden, um unbefugten Zugriff zu verhindern, falls eine SSO-Sitzung kompromittiert wird. Die Integration von SSO mit MFA bietet zusätzliche Sicherheit.

Die Just-In-Time-Authentifizierung (JIT) erhöht die Sicherheit zusätzlich, indem privilegierter Zugriff nur bei Bedarf gewährt wird. Anstatt permanente Administratorkonten zu verwalten, stellt die JIT-Authentifizierung temporäre Zugangsdaten bereit, die nach einer bestimmten Dauer ablaufen. Dies minimiert die Angriffsfläche und stellt sicher, dass privilegierte Konten nicht ständig potenziellen Bedrohungen ausgesetzt sind.

Die verhaltensbasierte Authentifizierung ist ein fortschrittlicher Mechanismus, der maschinelles Lernen nutzt, um das Benutzerverhalten zu analysieren und Anomalien zu erkennen. Wenn ein privilegiertes Konto ungewöhnliche Aktivitäten aufweist, z. B. Anmeldeversuche von einem unbekannten Ort oder Gerät, kann der Zugriff eingeschränkt werden oder eine zusätzliche Überprüfung erforderlich sein. Dieser adaptive Authentifizierungsansatz erhöht die

Sicherheit, indem er potenzielle Bedrohungen in Echtzeit identifiziert und eindämmt.

Die Authentifizierung privilegierter Zugriffe sollte kontinuierlich überwacht und protokolliert werden. Unternehmen müssen Prüfpfade implementieren, um Authentifizierungsversuche zu verfolgen, fehlgeschlagene Anmeldeversuche zu erkennen und verdächtige Zugriffsmuster zu identifizieren. Zentralisierte Protokollierung und die Integration mit SIEM-Lösungen (Security Information and Event Management) unterstützen Sicherheitsteams bei der Analyse von Authentifizierungsereignissen und der schnellen Reaktion auf potenzielle Sicherheitsvorfälle.

Starke Authentifizierungsmechanismen sind unerlässlich, um privilegierte Konten vor Cyberbedrohungen zu schützen. Durch die Implementierung von MFA, PKI, JIT-Zugriff und verhaltensbasierter Authentifizierung können Unternehmen die Sicherheit deutlich erhöhen und gleichzeitig die Benutzerfreundlichkeit gewährleisten. Kontinuierliche Überwachung und Protokollierung stärken die Authentifizierungsprozesse zusätzlich und stellen sicher, dass privilegierte Zugriffe vor unbefugter Nutzung und Cyberangriffen geschützt bleiben.

Multi-Faktor-Authentifizierung (MFA) für PAM

Die Multi-Faktor-Authentifizierung (MFA) ist eine grundlegende Sicherheitsmaßnahme im Privileged Access Management (PAM). Sie verbessert den Authentifizierungsprozess und schützt privilegierte Konten vor unbefugtem Zugriff. Angesichts der kritischen Natur privilegierter Konten, die Benutzern erweiterten Zugriff auf sensible Systeme und Daten gewähren, reicht die herkömmliche passwortbasierte Authentifizierung nicht mehr aus. Cyberbedrohungen wie Phishing, Credential Stuffing und Brute-Force-Angriffe machen die Einführung stärkerer Authentifizierungsmaßnahmen für Unternehmen unerlässlich. MFA reduziert das Risiko kompromittierter Anmeldeinformationen erheblich, indem es mehrere Verifizierungsfaktoren erfordert, bevor Zugriff gewährt wird.

Das Kernprinzip von MFA besteht darin, dass die Authentifizierung auf mindestens zwei oder mehr unabhängigen Faktoren basieren sollte. Diese Faktoren lassen sich in drei Hauptkategorien einteilen: etwas, das der Benutzer weiß, wie ein Passwort oder eine PIN; etwas, das der Benutzer besitzt, wie eine Smartcard, ein Hardware-Token oder eine mobile Authentifizierungs-App; und etwas, das der Benutzer ist, wie biometrische Daten wie Fingerabdrücke oder Gesichtserkennung. Durch die Kombination mehrerer Authentifizierungsfaktoren stellt MFA sicher, dass ein Angreifer selbst bei Kompromittierung eines Faktors ohne zusätzliche Verifizierungsschritte keinen Zugriff erhält.

Die Implementierung von MFA in einem PAM-Framework erhöht die Sicherheit, indem sichergestellt wird, dass privilegierte Benutzer vor dem Zugriff auf Hochrisikosysteme einen strengen Authentifizierungsprozess durchlaufen. Privilegierte Konten sind häufig das Ziel von Angreifern, da sie umfassende administrative Kontrolle bieten. Erhält ein Angreifer ohne zusätzliche Authentifizierungsebenen Zugriff auf ein privilegiertes Konto, kann er sich lateral durch die Infrastruktur eines Unternehmens bewegen, Berechtigungen erweitern und erheblichen Schaden anrichten. MFA mindert dieses Risiko durch zusätzliche Verifizierungsschritte, die unbefugten Zugriff erschweren.

Eine der effektivsten MFA-Implementierungen für PAM ist die Verwendung zeitbasierter Einmalkennwörter (TOTP). Diese Methode generiert einen temporären numerischen Code, der sich alle paar Sekunden ändert. Dadurch wird sichergestellt, dass der Code selbst dann, wenn ein Angreifer ihn abfängt, schnell ungültig wird. TOTP kann über Hardware-Token, mobile Authentifizierungs-Apps oder SMS-Nachrichten bereitgestellt werden. SMS-basierte MFA gilt jedoch aufgrund des Risikos von SIM-Swapping und Man-in-the-Middle-Angriffen als weniger sicher.

Die biometrische Authentifizierung ist ein weiterer leistungsstarker MFA-Mechanismus für privilegierte Konten. Fingerabdruck-, Gesichts- und Iris-Scans bieten ein hohes Maß an Sicherheit, da sie auf einzigartigen biologischen Merkmalen basieren. Im Gegensatz zu Passwörtern können biometrische Daten nicht so leicht weitergegeben oder gestohlen werden. Unternehmen müssen biometrische Daten jedoch sorgfältig verwalten, um Datenschutzbedenken vorzubeugen und die Einhaltung der Datenschutzbestimmungen zu gewährleisten.

Adaptive Authentifizierung, auch bekannt als risikobasierte Authentifizierung, verbessert die PAM-Sicherheit zusätzlich, indem sie Kontextfaktoren bewertet, bevor Zugriff gewährt wird. Dieser Ansatz berücksichtigt Elemente wie den Standort des Benutzers, den Gerätetyp, die Anmeldezeit und Verhaltensmuster. Versucht ein privilegierter Benutzer, sich von einem unbekannten Ort oder einem nicht vertrauenswürdigen Gerät aus anzumelden, fordert das System möglicherweise eine zusätzliche Authentifizierung an oder verweigert den Zugriff vollständig. Adaptive Authentifizierung fügt eine dynamische Sicherheitsebene hinzu, die sich anhand von Echtzeit-Risikobewertungen anpasst.

Die privilegierte Sitzungsauthentifizierung sollte auch MFA beinhalten, um unbefugten Zugriff während aktiver Sitzungen zu verhindern. Bleibt eine Sitzung längere Zeit inaktiv, kann das System den Benutzer vor der Wiederaufnahme der Aktivitäten zur erneuten Authentifizierung per MFA auffordern. Dies verhindert, dass Angreifer unbeaufsichtigte Sitzungen ausnutzen, um privilegierte Aktionen ohne ordnungsgemäße Überprüfung auszuführen.

Die Integration von MFA in eine PAM-Lösung verbessert die zentralisierte Zugriffskontrolle und vereinfacht das Sicherheitsmanagement. Moderne PAM-Plattformen unterstützen die nahtlose MFA-Integration mit Identitätsanbietern, Single Sign-On (SSO)-Lösungen und SIEM-Systemen (Security Information and Event Management). Diese Integration ermöglicht es Unternehmen, MFA-Richtlinien für alle privilegierten Konten konsistent durchzusetzen und Authentifizierungsereignisse auf potenzielle Bedrohungen zu überwachen.

Trotz der Sicherheitsvorteile muss bei der MFA-Implementierung ein ausgewogenes Verhältnis zwischen Sicherheit und Benutzerfreundlichkeit hergestellt werden. Zu komplexe Authentifizierungsprozesse können Benutzer frustrieren und zu Sicherheitsumgehungen führen, beispielsweise zum Aufschreiben von MFA-Codes oder zur Verwendung nicht autorisierter Geräte zur Authentifizierung. Unternehmen sollten MFA-Richtlinien sorgfältig entwickeln, um Sicherheit zu gewährleisten, ohne die Produktivität zu beeinträchtigen. Dies lässt sich durch intelligente MFA-Strategien erreichen, beispielsweise indem MFA nur für risikoreiche Transaktionen vorgeschrieben wird, biometrische Authentifizierung für eine einfache Bedienung verwendet wird und passwortlose Authentifizierungsmethoden implementiert werden.

Regulatorische Rahmenbedingungen und Branchenstandards schreiben MFA als wichtige Sicherheitsmaßnahme für privilegierte Konten vor. Compliance-Anforderungen wie DSGVO, PCI DSS, HIPAA und NIST-Richtlinien zur Cybersicherheit betonen die Bedeutung einer starken Authentifizierung zum Schutz sensibler Daten. Unternehmen, die MFA für privilegierten Zugriff nicht implementieren, müssen mit Sanktionen, Datenschutzverletzungen und Reputationsschäden rechnen.

MFA ist eine wesentliche Sicherheitsebene im PAM und reduziert die Wahrscheinlichkeit eines unbefugten Zugriffs auf privilegierte Konten erheblich. Durch die Kombination mehrerer Authentifizierungsfaktoren, die Integration adaptiver Authentifizierung und die Einhaltung gesetzlicher Standards können Unternehmen ihre wichtigsten Ressourcen vor Cyberbedrohungen schützen. Da Angreifer ständig neue Techniken entwickeln, um die traditionelle Authentifizierung zu umgehen, bleibt MFA ein leistungsstarker Abwehrmechanismus zur Sicherung privilegierter Zugriffe.

Passwortverwaltung und Vaulting

Passwortverwaltung und -speicherung sind wichtige Komponenten des Privileged Access Management (PAM). Sie gewährleisten, dass privilegierte Anmeldeinformationen sicher gespeichert, verwaltet und vor unbefugtem Zugriff geschützt werden. Privilegierte Konten mit erweiterten Zugriffsrechten auf sensible Systeme und Daten sind ein begehrtes Ziel für Cyberkriminelle. Ohne geeignete Passwortverwaltungsmaßnahmen riskieren Unternehmen

Anmeldedatendiebstahl, unbefugten Zugriff und Sicherheitsverletzungen. Die Implementierung starker Passwortrichtlinien, die Durchsetzung automatisierter Passwortrotation und die Nutzung sicherer Vaulting-Lösungen reduzieren diese Risiken deutlich und verbessern die allgemeine Sicherheit.

Eine der größten Herausforderungen bei der Verwaltung von Passwörtern für privilegierte Konten ist die Abhängigkeit von statischen Anmeldeinformationen. Viele Unternehmen verwenden immer noch gemeinsam genutzte, manuell verwaltete Passwörter für Administratorkonten, was ein Sicherheitsrisiko darstellt. Statische Passwörter sind anfällig für Brute-Force-Angriffe, Credential Stuffing und Phishing-Versuche. Darüber hinaus können Mitarbeiter Passwörter für mehrere Systeme verwenden, was das Risiko einer Kompromittierung der Anmeldeinformationen erhöht. Um diesen Herausforderungen zu begegnen, müssen Unternehmen strenge Passwortrichtlinien durchsetzen, die Komplexitätsanforderungen, Ablaufintervalle und die Generierung eindeutiger Passwörter beinhalten.

Ein Schlüsselelement effektiver Passwortverwaltung ist die automatisierte Passwortrotation. Anstatt auf menschliches Eingreifen angewiesen zu sein, können PAM-Lösungen Passwörter in vordefinierten Intervallen automatisch rotieren und so die Sicherheit privilegierter Anmeldeinformationen gewährleisten. Die automatisierte Rotation eliminiert die Risiken langlebiger Passwörter und erschwert Angreifern den Zugriff auf kompromittierte Anmeldeinformationen. Darüber hinaus kann die Passwortrotation nach jeder Verwendung erzwungen werden, um die Wiederverwendung oder Weitergabe von Anmeldeinformationen zu verhindern.

Passwort-Tresore sind eine weitere wichtige Sicherheitsmaßnahme, die Unternehmen bei der sicheren Verwaltung privilegierter Anmeldeinformationen unterstützt. Ein Passwort-Tresor ist ein zentralisiertes, verschlüsseltes Repository, in dem Passwörter privilegierter Konten gespeichert und vor unbefugtem Zugriff geschützt werden. Tresorlösungen speichern Passwörter nicht nur sicher, sondern kontrollieren auch den Zugriff darauf. So wird sichergestellt, dass nur autorisierte Benutzer bei Bedarf auf die Anmeldeinformationen zugreifen können. Dieser Ansatz verhindert, dass Benutzer privilegierte Passwörter kennen oder wiederverwenden, und reduziert so das Risiko der Offenlegung der Anmeldeinformationen.

Moderne Passwort-Tresore integrieren Authentifizierungsmechanismen wie die Multi-Faktor-Authentifizierung (MFA) und bieten so zusätzliche Sicherheit. Vor dem Zugriff auf privilegierte Anmeldeinformationen müssen Benutzer ihre Identität durch mehrere Authentifizierungsfaktoren wie Biometrie, Einmalkennwörter oder Hardware-Sicherheitstoken verifizieren. Diese zusätzliche Sicherheitsmaßnahme stellt sicher, dass selbst bei einem kompromittierten Passwort unbefugte Benutzer ohne ordnungsgemäße Verifizierung keinen Zugriff erhalten.

Ein weiterer wichtiger Aspekt des Passwort-Tresors ist die Sitzungsverwaltung. PAM-Lösungen können Passwort-Tresore mit Tools für privilegiertes Sitzungsmanagement (PSM) integrieren, um sichere, überwachte Sitzungen einzurichten, ohne dass Passwörter den Endbenutzern zugänglich gemacht werden. Anstatt dass Benutzer ihre Anmeldeinformationen manuell eingeben, fügt die PAM-Lösung Passwörter in privilegierte Sitzungen ein und stellt so sicher, dass die Anmeldeinformationen geschützt bleiben. Dieser Ansatz minimiert das Risiko von Passwortlecks und unbefugter Weitergabe von Anmeldeinformationen.

Auditing und Protokollierung sind wichtige Bestandteile der Passwortverwaltung und -speicherung. Unternehmen müssen alle Passwortzugriffsversuche detailliert protokollieren. Dazu gehört auch, wer auf ein Passwort zugegriffen hat, wann es verwendet wurde und zu welchem Zweck. Diese Transparenz ermöglicht es Sicherheitsteams, unbefugte Zugriffsversuche zu erkennen, verdächtige Aktivitäten zu untersuchen und die Einhaltung gesetzlicher Vorschriften durchzusetzen. Protokolle und Prüfpfade unterstützen zudem forensische Untersuchungen im Falle eines Sicherheitsvorfalls.

Regulatorische Compliance-Rahmenwerke wie PCI DSS, DSGVO und NIST betonen die Bedeutung von Passwortsicherheit zum Schutz sensibler Daten. Diese Vorschriften verpflichten Unternehmen, strenge Passwortrichtlinien zu implementieren, regelmäßige Passwortänderungen durchzusetzen und Zugriffskontrollprotokolle zu führen. Durch den Einsatz von Passwort-Tresoren und automatisierter Passwortverwaltung können Unternehmen die Einhaltung dieser Standards sicherstellen und gleichzeitig das Risiko von Datenschutzverletzungen reduzieren.

Trotz der Sicherheitsvorteile von Passwortverwaltung und -speicherung müssen Unternehmen auch die Schulung und Sensibilisierung ihrer Benutzer im Blick haben. Mitarbeiter sollten in bewährten Verfahren zur Passwortverwaltung, zum Erkennen von Phishing-Versuchen und zur Einhaltung sicherer Authentifizierungsverfahren geschult werden. Technologie spielt zwar eine entscheidende Rolle bei der Sicherung privilegierter Zugangsdaten, doch menschliches Verhalten bleibt ein entscheidender Faktor zur Verhinderung von Sicherheitsverletzungen.

Passwortverwaltung und -speicherung sind unerlässlich, um privilegierten Zugriff zu sichern und das Risiko von Angriffen auf Anmeldeinformationen zu reduzieren. Durch die Implementierung automatisierter Passwortrotation, die Durchsetzung strenger Passwortrichtlinien, die Integration von Authentifizierungsmechanismen und die Pflege von Prüfprotokollen können Unternehmen ihre wichtigsten Ressourcen vor unbefugtem Zugriff schützen. Angesichts der sich ständig weiterentwickelnden Cyberbedrohungen bleibt eine effektive Passwortverwaltung ein grundlegender Schutz gegen die Kompromittierung von Anmeldeinformationen und den Missbrauch von Berechtigungen.

Rotieren und Aktualisieren privilegierter Anmeldeinformationen

Das Rotieren und Aktualisieren privilegierter Anmeldeinformationen ist eine grundlegende Sicherheitsmaßnahme, die vertrauliche Konten vor unbefugtem Zugriff, Diebstahl und Cyberangriffen schützt.

Privilegierte Konten, die erweiterten Zugriff auf kritische Systeme, Datenbanken und Verwaltungsfunktionen ermöglichen, sind oft das Hauptziel von Angreifern. Werden diese Anmeldeinformationen nicht regelmäßig geändert, können sie über längere Zeiträume missbraucht werden, was böswilligen Akteuren ermöglicht, sich in der Infrastruktur eines Unternehmens seitlich zu bewegen. Die Implementierung eines strukturierten Ansatzes für die Rotation und Aktualisierung von Anmeldeinformationen reduziert das Risiko unbefugten Zugriffs erheblich und gewährleistet gleichzeitig die Betriebssicherheit.

Einer der Hauptgründe für die regelmäßige Rotation privilegierter Anmeldeinformationen besteht darin, Angreifern, die sich Zugriff verschaffen könnten, den Zugriff zu verwehren. Bleiben Passwörter oder kryptografische Schlüssel über längere Zeit unverändert, werden sie anfällig für Brute-Force-Angriffe, Credential Stuffing und Insider-Bedrohungen. Durch die Durchsetzung regelmäßiger Updates können Unternehmen sicherstellen, dass Anmeldeinformationen selbst bei Kompromittierung nur von kurzer Dauer sind und Angreifer keinen dauerhaften Zugriff mehr haben.

Die automatisierte Rotation von Anmeldeinformationen ist ein wichtiger Bestandteil einer effektiven Privileged Access Management (PAM)-Strategie. Manuelle Passwortänderungen sind anfällig für menschliche Fehler, Inkonsistenzen und Verzögerungen, was zu Sicherheitslücken führen kann. Automatisierte PAM-Lösungen können planmäßige Passwortrotationen für alle privilegierten Konten erzwingen und so sicherstellen, dass die Anmeldeinformationen systematisch und gemäß den Sicherheitsrichtlinien aktualisiert werden. Diese Systeme generieren außerdem sichere, komplexe Passwörter, die den bewährten Sicherheitspraktiken entsprechen, und eliminieren schwache oder wiederverwendete Anmeldeinformationen, die leicht erraten oder geknackt werden könnten.

Dienstkonten und Anwendungsanmeldeinformationen stellen bei der Rotation besondere Herausforderungen dar. Diese Konten sind oft in Skripte, Konfigurationsdateien und Anwendungen eingebettet, was Passwortänderungen komplex und anfällig für Betriebsunterbrechungen macht. Unternehmen müssen Lösungen zur Anmeldeinformationsverwaltung implementieren, die gespeicherte Anmeldeinformationen in allen integrierten Systemen nahtlos aktualisieren, um Authentifizierungsfehler zu vermeiden. Sichere API-basierte Anmeldeinformationsspeicherung in Kombination mit automatisierten Rotationsrichtlinien stellt sicher, dass die Anmeldeinformationen von Anwendungen und Dienstkonten stets aktuell bleiben, ohne dass es zu Serviceunterbrechungen kommt.

Just-In-Time (JIT)-Zugriff erhöht die Sicherheit zusätzlich, da keine permanenten privilegierten Anmeldeinformationen mehr erforderlich sind. Anstatt statische Passwörter zu verwalten, die rotiert werden müssen, stellt JIT-Zugriff temporäre Anmeldeinformationen bereit, die nach Gebrauch ablaufen. Dieser Ansatz minimiert das Risiko einer langfristigen Offenlegung von Anmeldeinformationen und reduziert die Angriffsfläche erheblich. Die Kombination von JIT-Zugriff mit Multi-Faktor-Authentifizierung (MFA) erhöht die Sicherheit, indem sichergestellt wird, dass privilegierter Zugriff nur autorisierten Benutzern bei Bedarf gewährt wird.

Kryptografische Schlüssel, SSH-Schlüssel und API-Token müssen ebenfalls regelmäßig rotiert werden, um unbefugten Zugriff zu verhindern. Viele Unternehmen nutzen SSH-Schlüssel für den sicheren Fernzugriff. Werden diese Schlüssel jedoch nicht rotiert, kann dies zu einem nicht nachvollziehbaren und dauerhaften Zugriff durch ehemalige Mitarbeiter, Auftragnehmer oder Angreifer führen, die eine Kopie erhalten haben. Die Implementierung eines automatisierten Schlüsselverwaltungssystems stellt sicher, dass Schlüssel regelmäßig neu generiert und ersetzt werden, und gewährleistet gleichzeitig strenge Zugriffskontrollen für die Schlüsselverteilung und -nutzung.

Compliance-Vorschriften und Sicherheitsrahmen unterstreichen die Bedeutung der Anmeldeinformationsrotation als Teil einer robusten Cybersicherheitsstrategie. Standards wie NIST, PCI DSS und ISO 27001 schreiben regelmäßige Passwortänderungen für privilegierte Konten vor, um sicherzustellen, dass Anmeldeinformationen nicht über längere Zeit unverändert bleiben. Unternehmen, die diese Vorschriften nicht einhalten, riskieren Sicherheitslücken, Geldstrafen und Reputationsschäden. Regelmäßige Audits und Berichte zur Anmeldeinformationsrotation helfen Unternehmen, die Compliance nachzuweisen und die Verantwortung für die Sicherheit privilegierter Zugriffe zu übernehmen.

Menschliches Versagen bleibt eines der größten Risiken bei der Verwaltung von Anmeldeinformationen. Benutzer können privilegierte Anmeldeinformationen versehentlich an unsicheren Orten wie Textdateien, E-Mails oder freigegebenen Dokumenten speichern. Die Implementierung eines sicheren Tresorsystems verhindert unbefugten Zugriff auf gespeicherte Anmeldeinformationen und erzwingt die Verschlüsselung aller privilegierten Passwörter. Rollenbasierte Zugriffskontrollen (RBAC) schränken zusätzlich ein, wer Anmeldeinformationen abrufen, aktualisieren oder verwalten kann, und stellen sicher, dass nur autorisiertes Personal Zugriff auf vertrauliche Informationen hat.

Die Überwachung und Protokollierung von Anmeldeinformationsrotationen ist unerlässlich, um Anomalien zu erkennen und potenzielle Sicherheitsverletzungen zu verhindern. PAM-Lösungen bieten detaillierte Protokolle aller Anmeldeinformationsaktualisierungen, einschließlich Zeitstempel, Anfrageursprung und Zugriffsversuchen. Bei einer unbefugten Änderung oder verdächtigen Aktivität können Sicherheitsteams sofort Maßnahmen ergreifen, um kompromittierte Anmeldeinformationen zu widerrufen und die Ursache des Vorfalls zu untersuchen.

Unternehmen müssen ihre Richtlinien zur Anmeldeinformationsrotation kontinuierlich überprüfen und an neue Bedrohungen anpassen. Da Cyberangriffe immer raffinierter werden, reicht es möglicherweise nicht mehr aus, sich ausschließlich auf regelmäßige Passwortänderungen zu verlassen. Fortschrittliche Techniken wie passwortlose Authentifizierung, biometrische Verifizierung und Verhaltensanalyse können Strategien zur Anmeldeinformationsrotation ergänzen und so die Sicherheit weiter erhöhen. Durch einen proaktiven Ansatz bei der Verwaltung privilegierter Anmeldeinformationen können Unternehmen ihre wichtigsten Ressourcen schützen und das Risiko unbefugten Zugriffs reduzieren.

Sichere Sitzungsverwaltung

Sicheres Sitzungsmanagement ist eine wichtige Komponente des Privileged Access Management (PAM), das den Schutz privilegierter Konten während der aktiven Nutzung gewährleistet. Während starke Authentifizierungs- und Zugriffskontrollen unbefugten Zugriff verhindern, schützt das Sitzungsmanagement laufende privilegierte Aktivitäten und reduziert so das Risiko von Anmeldedatendiebstahl, unbefugten Aktionen und Session Hijacking. Ohne angemessene Sitzungssicherheit können Angreifer Schwachstellen in aktiven Sitzungen ausnutzen, um Berechtigungen zu erweitern, schädliche Befehle auszuführen oder vertrauliche Daten zu exfiltrieren. Die Implementierung sicherer Sitzungsmanagementmechanismen hilft Unternehmen, privilegierte Zugriffe in Echtzeit zu überwachen, zu kontrollieren und zu schützen.

Eine der größten Bedrohungen für privilegierte Sitzungen ist Session Hijacking. Angreifer nutzen Techniken wie Man-in-the-Middle-Angriffe (MITM), Session Fixation und gestohlene Authentifizierungstoken, um die Kontrolle über eine aktive Sitzung zu erlangen. Sobald sie sich Zugang verschafft haben, können sie als legitimer privilegierter Benutzer agieren, was ihre Aktionen schwer erkennbar macht. Um diese Risiken zu minimieren, müssen Unternehmen verschlüsselte Sitzungsprotokolle wie Secure Shell (SSH) und Transport Layer Security (TLS) implementieren, die unbefugtes Abfangen und Manipulieren privilegierter Sitzungen verhindern.

Die Überwachung privilegierter Sitzungen ist eine wichtige Sicherheitsmaßnahme, die Echtzeit-Einblicke in die Aktivitäten privilegierter Benutzer ermöglicht. PAM-Lösungen ermöglichen Live-Sitzungsverfolgung, sodass Sicherheitsteams das Benutzerverhalten beobachten, Anomalien erkennen und bei verdächtigen Aktionen eingreifen können. Durch die Implementierung der Sitzungsaufzeichnung erstellen Unternehmen einen Prüfpfad, der für Compliance-Anforderungen, forensische Untersuchungen und Sicherheitsanalysen überprüft werden kann. Dieser Ansatz stellt sicher, dass jeder innerhalb einer privilegierten Sitzung ausgeführte Befehl dokumentiert und überprüfbar ist.

Sitzungstimeouts und automatische Abmeldungen verhindern unbefugten Zugriff auf inaktive Sitzungen. Bleibt eine privilegierte Sitzung für einen vordefinierten Zeitraum inaktiv, sollte sie automatisch beendet werden, um das Risiko einer unbefugten Nutzung zu minimieren. Diese Maßnahme verhindert, dass Angreifer unbeaufsichtigte Sitzungen ausnutzen, insbesondere in Umgebungen, in denen Benutzer ihre Arbeitsplätze verlassen, ohne sich abzumelden. Die erneute Sitzungsauthentifizierung erhöht die Sicherheit zusätzlich, da Benutzer ihre Identität bestätigen müssen, bevor sie eine inaktive Sitzung fortsetzen.

Just-In-Time (JIT)-Zugriff ist eine weitere effektive Methode für sicheres Sitzungsmanagement. Anstatt permanent privilegierte Sitzungen aufrechtzuerhalten, stellt JIT-Zugriff temporäre Sitzungen bereit, die nach einer bestimmten Dauer automatisch ablaufen. Dieser Ansatz minimiert die Angriffsfläche, indem er sicherstellt, dass privilegierter Zugriff nur bei Bedarf und für einen begrenzten Zeitraum gewährt wird. Durch die Integration von JIT-Zugriff und Multi-Faktor-Authentifizierung (MFA) können Unternehmen die Sitzungssicherheit weiter erhöhen.

Die Sitzungsisolierung ist eine Technik, die privilegierten Benutzern den direkten Zugriff auf kritische Systeme ohne den Umweg über ein sicheres Gateway verwehrt. Eine PAM-Lösung kann als Sitzungsbroker fungieren und eine sichere Verbindung zwischen Benutzer und Zielsystem herstellen, ohne Anmeldeinformationen preiszugeben. Diese Methode stellt sicher, dass privilegierte Benutzer keinen direkten Zugriff auf sensible Systeme haben, und reduziert so das Risiko einer lateralen Bewegung im Falle einer kompromittierten Sitzung.

Die Implementierung starker Endpunktsicherheitsmaßnahmen ist für die Wahrung der Sitzungsintegrität unerlässlich. Privilegierte Benutzer, die von ungesicherten oder kompromittierten Geräten auf Systeme zugreifen, stellen ein erhebliches Risiko für die Sitzungssicherheit dar. Unternehmen sollten Endpunktsicherheitsrichtlinien durchsetzen, die privilegierte Benutzer dazu verpflichten, sich nur von vertrauenswürdigen Geräten aus zu verbinden, die den Sicherheitsstandards entsprechen. Dazu gehören die Verwendung unternehmensverwalteter Geräte, die

Implementierung von Endpoint Detection and Response (EDR)-Lösungen und die Einschränkung des Zugriffs aus öffentlichen oder nicht vertrauenswürdigen Netzwerken.

Privileged Session Shadowing ist eine proaktive Sicherheitsmaßnahme, die es Sicherheitsadministratoren ermöglicht, Benutzeraktivitäten in Echtzeit zu beobachten. Stellt ein Administrator ungewöhnliches Verhalten fest, kann er sofort Maßnahmen ergreifen, beispielsweise die Sitzung beenden oder den Zugriff entziehen. Shadowing ist besonders nützlich bei risikoreichen Sitzungen, beispielsweise mit Drittanbietern oder beim Fernzugriff auf kritische Infrastrukturen.

Die Überwachung und Protokollierung privilegierter Sitzungen liefert wertvolle Einblicke in Benutzerverhalten, Zugriffsmuster und potenzielle Sicherheitsbedrohungen. Unternehmen müssen detaillierte Protokolle aller privilegierten Sitzungen führen, einschließlich Benutzeraktivität, Sitzungsdauer und ausgeführter Befehle. Die Integration von Sitzungsprotokollen in SIEM-Lösungen (Security Information and Event Management) ermöglicht die Echtzeit-Erkennung von Bedrohungen und warnt Sicherheitsteams vor Anomalien, die auf unbefugten Zugriff oder Privilegienmissbrauch hindeuten können.

Unternehmen müssen bei der Implementierung eines sicheren Sitzungsmanagements auch Compliance-Anforderungen berücksichtigen. Regulatorische Rahmenbedingungen wie DSGVO, HIPAA und PCI DSS schreiben strenge Kontrollen des privilegierten Zugriffs vor und verpflichten Unternehmen, privilegierte Sitzungen zu überwachen, aufzuzeichnen und zu prüfen. Die Nichteinhaltung dieser Vorschriften kann zu Geldstrafen, rechtlichen Konsequenzen und Reputationsschäden führen. PAM-Lösungen unterstützen Unternehmen bei der Einhaltung von Compliance-Anforderungen, indem sie Richtlinien für sichere Sitzungen durchsetzen, Prüfpfade erstellen und detaillierte Berichte für behördliche Prüfungen bereitstellen.

Sicheres Sitzungsmanagement ist ein fortlaufender Prozess, der kontinuierliche Überwachung, Richtliniendurchsetzung und Anpassung an neue Bedrohungen erfordert. Durch Verschlüsselung,

Sitzungsüberwachung, automatische Timeouts, JIT-Zugriff und starke Endpunktsicherheit können Unternehmen privilegierte Sitzungen vor unbefugtem Zugriff und Missbrauch schützen. Die Kombination dieser Maßnahmen mit umfassenden Audit- und Compliance-Praktiken gewährleistet, dass der privilegierte Zugriff sicher, kontrolliert und den Best Practices der Branche entspricht.

Sitzungsüberwachung und -aufzeichnung

Die Überwachung und Aufzeichnung von Sitzungen spielt eine entscheidende Rolle im Privileged Access Management (PAM). Sie bietet Unternehmen Einblick in die Aktivitäten privilegierter Benutzer und gewährleistet die Verantwortlichkeit für administrative Aktionen. Privilegierte Konten gewähren Benutzern erweiterten Zugriff auf kritische Systeme, Datenbanken und vertrauliche Informationen. Ohne ordnungsgemäße Überwachung können diese Konten missbraucht werden – entweder absichtlich durch böswillige Insider oder unbeabsichtigt durch menschliches Versagen. Die Implementierung einer robusten Strategie zur Überwachung und Aufzeichnung von Sitzungen hilft, unbefugten Zugriff zu erkennen, Sicherheitsverletzungen zu verhindern und die Einhaltung gesetzlicher Vorschriften zu gewährleisten.

Die Überwachung privilegierter Sitzungen umfasst die Echtzeitverfolgung von Benutzeraktivitäten während einer aktiven Sitzung. Dazu gehört die Protokollierung aller Aktionen, die innerhalb eines privilegierten Kontos ausgeführt werden, wie z. B. das Ausführen von Befehlen, das Ändern von Konfigurationen und der Zugriff auf vertrauliche Daten. Durch die kontinuierliche Überwachung privilegierter Sitzungen können Unternehmen verdächtiges Verhalten schnell erkennen und darauf reagieren, bevor es zu einem Sicherheitsvorfall eskaliert. Die Echtzeitüberwachung des privilegierten Zugriffs trägt zudem zur Durchsetzung von Sicherheitsrichtlinien bei, indem sichergestellt wird, dass Benutzer beim Umgang mit kritischen Ressourcen die festgelegten Protokolle einhalten.

Die Sitzungsaufzeichnung bietet zusätzliche Sicherheit durch die visuelle oder textuelle Erfassung aller privilegierten Aktivitäten. Aufgezeichnete Sitzungen ermöglichen es Sicherheitsteams, die innerhalb einer Administratorsitzung durchgeführten Aktionen zu überprüfen. Dies erleichtert die Untersuchung von Sicherheitsvorfällen, die Erkennung von Richtlinienverstößen und die Bereitstellung von Beweismitteln für forensische Untersuchungen. Viele PAM-Lösungen bieten Tastatureingabeprotokollierung, Videoaufzeichnung und Befehlsverfolgung, um sicherzustellen, dass jede Aktion eines privilegierten Benutzers dokumentiert wird.

Einer der Hauptvorteile der Sitzungsüberwachung und -aufzeichnung ist die Abwehr von Insider-Bedrohungen. Wenn Benutzer wissen, dass ihre Aktivitäten überwacht werden, ist die Wahrscheinlichkeit geringer, dass sie sich unberechtigt verhalten. Dies schafft eine Kultur der Verantwortlichkeit und stellt sicher, dass privilegierte Benutzer bewährte Sicherheitspraktiken befolgen und die Zugriffskontrollrichtlinien einhalten. Darüber hinaus liefern aufgezeichnete Sitzungen im Falle einer Sicherheitsverletzung wertvolle Beweise, die Sicherheitsteams helfen, die Ursache des Vorfalls zu ermitteln und dessen Auswirkungen zu mildern.

Die Sitzungsüberwachung hilft Unternehmen außerdem, ungewöhnliches Verhalten zu erkennen, das auf einen kompromittierten privilegierten Account hinweisen könnte. Wenn sich beispielsweise ein Administrator von einem ungewöhnlichen Ort aus anmeldet, Aktionen außerhalb der normalen Arbeitszeiten durchführt oder nicht autorisierte Befehle ausführt, können Sicherheitsteams Echtzeitwarnungen erhalten und sofort Maßnahmen ergreifen. Fortschrittliche PAM-Lösungen nutzen künstliche Intelligenz (KI) und maschinelles Lernen, um das Sitzungsverhalten zu analysieren, Muster zu identifizieren, die von der normalen Benutzeraktivität abweichen, und potenzielle Bedrohungen zu kennzeichnen.

Compliance-Rahmenwerke wie DSGVO, PCI DSS, HIPAA und NIST verlangen von Unternehmen die Implementierung von Sitzungsüberwachungs- und Auditkontrollen zum Schutz sensibler Daten. Diese Vorschriften schreiben die Protokollierung und Überprüfung privilegierter Aktivitäten vor, um unbefugten Zugriff zu verhindern und die Verantwortlichkeit sicherzustellen. Durch detaillierte Sitzungsaufzeichnungen können Unternehmen die Einhaltung von Branchenstandards nachweisen, Strafzahlungen vermeiden und ihre allgemeine Sicherheitslage stärken.

Eine effektive Sitzungsaufzeichnung erfordert sichere Speicher- und Zugriffskontrollen, um unbefugte Manipulationen oder Löschungen zu verhindern. Aufgezeichnete Sitzungen sollten verschlüsselt und in einem zentralen, manipulationssicheren Archiv gespeichert werden, um sicherzustellen, dass sie für Audit- und forensische Zwecke erhalten bleiben. Der Zugriff auf aufgezeichnete Sitzungen muss auf autorisiertes Personal beschränkt sein. Strenge rollenbasierte Zugriffskontrollrichtlinien (RBAC) verhindern Missbrauch.

Die Abwägung von Sicherheit und Datenschutz ist ein weiterer wichtiger Aspekt bei der Implementierung der Sitzungsüberwachung. Unternehmen benötigen zwar Einblick in privilegierte Aktivitäten, müssen aber gleichzeitig Datenschutzbestimmungen zum Schutz von Benutzerdaten einhalten. Richtlinien zur Sitzungsüberwachung sollten klar definieren, welche Aktivitäten aufgezeichnet werden, wer Zugriff auf Sitzungsprotokolle hat und wie lange Aufzeichnungen aufbewahrt werden. Transparenz in den Überwachungspraktiken stärkt das Vertrauen der Mitarbeiter und gewährleistet gleichzeitig ein starkes Sicherheitskonzept.

Die Integration der Sitzungsüberwachung in SIEM-Systeme (Security Information and Event Management) verbessert die Bedrohungserkennung und die Reaktion auf Vorfälle. SIEM-Lösungen aggregieren Protokolle aus verschiedenen Quellen und ermöglichen es Sicherheitsteams, privilegierte Sitzungsaktivitäten mit anderen Sicherheitsereignissen zu korrelieren. Diese Integration bietet einen umfassenden Überblick über potenzielle Bedrohungen und ermöglicht eine schnellere Erkennung und Eindämmung von Sicherheitsvorfällen.

Die automatisierte Sitzungsüberwachung und -aufzeichnung durch PAM-Lösungen entlastet Sicherheitsteams und gewährleistet gleichzeitig die konsequente Durchsetzung von Sicherheitsrichtlinien. Automatisierte Warnmeldungen und Verhaltensanalysen ermöglichen es Unternehmen, den Missbrauch privilegierter Konten proaktiv zu erkennen und darauf zu reagieren. So wird das Risiko von Datenschutzverletzungen minimiert.

Sitzungsüberwachung und -aufzeichnung sind wesentliche Bestandteile einer robusten PAM-Strategie. Durch die kontinuierliche Verfolgung privilegierter Aktivitäten, die Durchsetzung von Verantwortlichkeiten und die Integration in Sicherheitslösungen können Unternehmen ihre kritischen Ressourcen effektiv vor Insider-Bedrohungen, unbefugtem Zugriff und Compliance-Verstößen schützen. Ein gut implementiertes Überwachungssystem stärkt die Sicherheitsvorkehrungen, reduziert Betriebsrisiken und stellt sicher, dass privilegierte Zugriffe streng kontrolliert werden.

Überwachung und Berichterstattung privilegierter Aktivitäten

Die Prüfung und Berichterstattung privilegierter Aktivitäten ist ein wesentlicher Bestandteil des Privileged Access Management (PAM). Sie gewährleistet Transparenz, Verantwortlichkeit und Compliance bei der Verwaltung privilegierter Konten. Privilegierte Benutzer wie Systemadministratoren und IT-Mitarbeiter haben Zugriff auf kritische Systeme und vertrauliche Daten. Ihre Aktivitäten bergen daher ein hohes Risiko für Sicherheitsverletzungen, Insider-Bedrohungen und Verstöße gegen gesetzliche Vorschriften. Eine umfassende Prüfungs- und Berichtsstrategie ermöglicht es Unternehmen, unbefugte Aktivitäten zu erkennen, auf Sicherheitsvorfälle zu reagieren und Compliance-Anforderungen zu erfüllen.

Das Hauptziel der Überwachung privilegierter Aktivitäten besteht darin, alle Aktionen privilegierter Benutzer detailliert zu protokollieren. Dazu gehören Anmeldeversuche, Konfigurationsänderungen, Datenzugriffe und administrative Vorgänge. Ohne geeignete Überwachungsmechanismen haben Unternehmen keinen Einblick in die Nutzung privilegierter Konten und sind dadurch anfällig für Sicherheitsbedrohungen. Ein gut implementiertes Überwachungsframework stellt sicher, dass jede privilegierte Aktion protokolliert, mit einem Zeitstempel versehen und einem bestimmten Benutzer zugeordnet wird. Dadurch wird das Risiko anonymer oder nicht nachvollziehbarer Aktivitäten reduziert.

Die Überwachung privilegierter Zugriffe spielt auch eine entscheidende Rolle bei der Erkennung von Anomalien und potenziellen Sicherheitsverletzungen. Durch die kontinuierliche Überwachung privilegierter Aktivitäten können Unternehmen verdächtige Muster erkennen, wie z. B. wiederholte fehlgeschlagene Anmeldeversuche, Zugriffe von ungewöhnlichen Standorten oder unbefugte Rechteerweiterungen. Moderne PAM-Lösungen nutzen künstliche Intelligenz (KI) und maschinelles Lernen, um Prüfprotokolle zu analysieren und Abweichungen vom normalen Benutzerverhalten zu erkennen. Bei Erkennung einer Anomalie können automatisierte Warnmeldungen ausgelöst werden, um Sicherheitsteams zu benachrichtigen. Dies ermöglicht eine schnelle Reaktion auf Vorfälle und deren Eindämmung.

Die Einhaltung gesetzlicher Vorschriften ist ein weiterer wichtiger Faktor für die Prüfung und Berichterstattung privilegierter Aktivitäten. Verschiedene Branchenstandards und gesetzliche Vorschriften wie DSGVO, HIPAA, PCI DSS, SOX und NIST schreiben Unternehmen die Führung von Prüfprotokollen für privilegierte Zugriffe vor. Diese Vorschriften verpflichten Unternehmen, privilegierte Aktivitäten zu protokollieren, zu überwachen und darüber zu berichten, um Rechenschaftspflicht und Datenschutz zu gewährleisten. Die Nichteinhaltung dieser Anforderungen kann zu Geldstrafen, rechtlichen Konsequenzen und Reputationsschäden führen. Ein effektiver Prüfrahmen bietet die notwendige Dokumentation, um die Einhaltung der Vorschriften bei Audits und behördlichen Kontrollen nachzuweisen.

Die Erstellung von Auditberichten ist eine wichtige Funktion der privilegierten Zugriffsverwaltung. Berichte bieten zusammengefasste Einblicke in Trends bei privilegierten Aktivitäten, Zugriffsverletzungen und Sicherheitsereignisse. Unternehmen können Berichte individuell anpassen, um sich auf bestimmte Bereiche wie Anmeldeaktivitäten, Rechteerweiterungen oder unbefugte Zugriffsversuche zu konzentrieren. Sicherheitsteams, Compliance-Beauftragte und

Führungskräfte nutzen diese Berichte, um die Sicherheitslage zu bewerten, die Einhaltung von Richtlinien durchzusetzen und fundierte Entscheidungen über Zugriffskontrollen zu treffen.

Die zentrale Protokollierung ist eine bewährte Methode zur Überwachung privilegierter Aktivitäten. Anstatt Prüfprotokolle auf mehreren Systemen zu speichern, sammelt und aggregiert eine zentralisierte PAM-Lösung alle Protokolle privilegierter Aktivitäten in einem sicheren Repository. Dieser zentralisierte Ansatz vereinfacht die Protokollanalyse, verbessert die Transparenz und stellt sicher, dass Protokolle nicht von böswilligen Insidern manipuliert oder gelöscht werden können. Die Integration mit SIEM-Systemen (Security Information and Event Management) verbessert die Prüffunktionen zusätzlich und ermöglicht es Unternehmen, Ereignisse mit privilegiertem Zugriff mit umfassenderen Sicherheitsvorfällen zu korrelieren.

Zugriffsüberprüfungs- und Zertifizierungsprozesse sind eng mit der Überwachung privilegierter Aktivitäten verknüpft. Regelmäßige Zugriffsüberprüfungen helfen Unternehmen zu prüfen, ob Benutzer ihre bestehenden Berechtigungen noch benötigen. Durch die Analyse von Prüfprotokollen können Sicherheitsteams inaktive Konten, unnötige Rechteerweiterungen oder Verstöße gegen Zugriffsrichtlinien identifizieren. Automatisierte Workflows erleichtern regelmäßige Zugriffszertifizierungen und stellen sicher, dass der privilegierte Zugriff weiterhin den Geschäftsanforderungen und Sicherheitsrichtlinien entspricht.

Unternehmen müssen außerdem Richtlinien zur Audit-Aufbewahrung implementieren, um festzulegen, wie lange Protokolle privilegierter Aktivitäten gespeichert werden sollen. Regulatorische Rahmenbedingungen legen oft Aufbewahrungsfristen fest, die von mehreren Monaten bis zu mehreren Jahren reichen können. Die sichere Speicherung und Verschlüsselung von Audit-Protokollen ist entscheidend, um unbefugten Zugriff oder Manipulation zu verhindern. Unternehmen sollten außerdem klare Richtlinien für den Zugriff auf Audit-Protokolle und Berichtstools festlegen, um den Schutz vertraulicher Informationen zu gewährleisten.

Um sich an neue Sicherheitsbedrohungen anzupassen, ist eine kontinuierliche Verbesserung der Überwachung privilegierter Aktivitäten erforderlich. Regelmäßige Überprüfungen der Richtlinien für privilegierten Zugriff, Protokollanalysen und Vorfalluntersuchungen liefern Erkenntnisse über potenzielle Schwachstellen und Verbesserungspotenziale. Unternehmen sollten ihre Prüf- und Berichtsmechanismen anhand neuer Cybersicherheitrends, regulatorischer Änderungen und Erkenntnisse aus früheren Sicherheitsvorfällen aktualisieren.

Die Überwachung und Berichterstattung privilegierter Aktivitäten bietet Unternehmen die nötige Transparenz und Kontrolle, um privilegierten Zugriff effektiv zu sichern. Durch die Implementierung robuster Protokollierung, Überwachung, Anomalieerkennung und Compliance-Berichte können Unternehmen Sicherheitsrisiken minimieren, unbefugten Zugriff verhindern und das Vertrauen in ihr Privileged Access Management Framework aufrechterhalten.

Compliance- und regulatorische Überlegungen

Compliance und regulatorische Aspekte sind wichtige Bestandteile des Privileged Access Management (PAM). Sie gewährleisten, dass Unternehmen gesetzliche, branchenspezifische und sicherheitsrelevante Anforderungen erfüllen und gleichzeitig sensible Daten schützen. Regulatorische Rahmenbedingungen schreiben strenge Anforderungen an Zugriffskontrolle, Überwachung und Auditing vor, um unbefugten Zugriff, Datenschutzverletzungen und Cyberbedrohungen zu verhindern. Unternehmen, die diese Vorschriften nicht einhalten, riskieren finanzielle Strafen, rechtliche Konsequenzen und Reputationsschäden. Die Implementierung einer robusten, an den gesetzlichen Vorgaben ausgerichteten PAM-Strategie unterstützt Unternehmen dabei, Sicherheit, Verantwortlichkeit und Betriebsintegrität zu gewährleisten.

Viele globale und branchenspezifische Vorschriften betonen die Notwendigkeit strenger privilegierter Zugriffskontrollen. Die Datenschutz-Grundverordnung (DSGVO) beispielsweise verpflichtet Organisationen, die personenbezogene Daten von EU-Bürgern verarbeiten, zur Umsetzung strenger Sicherheitsmaßnahmen, darunter Zugriffsbeschränkungen und Audit-Protokollierung. Gemäß der DSGVO müssen Organisationen nachweisen, dass nur autorisiertes Personal auf sensible Daten zugreifen kann und dass privilegierte Aktivitäten zu forensischen und Compliance-Zwecken protokolliert werden. Die Nichteinhaltung der DSGVO kann hohe Geldstrafen nach sich ziehen, was PAM zu einem wichtigen Instrument für Organisationen macht, die personenbezogene Daten speichern und verarbeiten.

Ebenso schreibt der Payment Card Industry Data Security Standard (PCI DSS) strenge privilegierte Zugriffskontrollen zum Schutz von Zahlungskartendaten vor. PCI DSS verlangt von Unternehmen die Durchsetzung einer rollenbasierten Zugriffskontrolle (RBAC), die Implementierung einer Multi-Faktor-Authentifizierung (MFA) für privilegierte Konten und die Überwachung aller administrativen Aktivitäten. Durch die Integration von PAM-Lösungen können Unternehmen die PCI DSS-Anforderungen erfüllen, indem sie sicherstellen, dass nur autorisierte Benutzer auf Zahlungskartenumgebungen zugreifen und gleichzeitig detaillierte Protokolle privilegierter Aktivitäten führen.

Der Health Insurance Portability and Accountability Act (HIPAA) legt Sicherheits- und Datenschutzanforderungen für Gesundheitsorganisationen fest, die mit geschützten Gesundheitsinformationen (PHI) arbeiten. HIPAA schreibt Gesundheitsdienstleistern, Versicherern und Geschäftspartnern Zugriffskontrollen, Sitzungsüberwachung und Prüfprotokolle vor, um unbefugten Zugriff auf Patientenakten zu verhindern. PAM-Lösungen unterstützen Gesundheitsorganisationen dabei, Least-Privilege-Prinzipien durchzusetzen, privilegierte Aktivitäten zu verfolgen und auf potenzielle Sicherheitsvorfälle zu reagieren, um die Einhaltung der HIPAA-Vorschriften zu gewährleisten.

Für Finanzinstitute sieht der Sarbanes-Oxley Act (SOX) strenge Kontrollen vor, um Betrug zu verhindern und die Integrität der

Finanzberichterstattung zu gewährleisten. Die SOX-Compliance erfordert die Führung detaillierter Zugriffsprotokolle, die Überwachung privilegierter Konten und regelmäßige Audits der Finanzsysteme. PAM spielt eine entscheidende Rolle bei der SOX-Compliance, indem es Transparenz in privilegierte Zugriffe bietet, Zugriffsbeschränkungen durchsetzt und auditfähige Berichte erstellt, die die Einhaltung der Finanzvorschriften nachweisen.

Das National Institute of Standards and Technology (NIST) bietet Cybersicherheitsrahmen, die Best Practices für die Sicherheit privilegierter Zugriffe beschreiben. Die NIST Special Publication 800-53 enthält beispielsweise spezifische Kontrollen für die Verwaltung privilegierter Konten, die Durchsetzung einer starken Authentifizierung und die Führung von Prüfprotokollen. Unternehmen, die die NIST-Richtlinien übernehmen, stärken ihre Cybersicherheit und halten sich gleichzeitig an die Sicherheitsstandards von Regierung und Industrie.

Das Federal Risk and Authorization Management Program (FedRAMP) gilt für Cloud-Service-Provider, die mit US-Bundesbehörden zusammenarbeiten. FedRAMP schreibt strenge privilegierte Zugriffskontrollen vor und verpflichtet Cloud-Anbieter zur Implementierung von PAM-Lösungen, die Administratorkonten schützen, die Sitzungsüberwachung durchsetzen und unbefugten Zugriff auf Behördendaten verhindern. Die Einhaltung von FedRAMP stellt sicher, dass Cloud-Umgebungen hohe Sicherheitsstandards erfüllen und gleichzeitig vertrauliche Behördeninformationen schützen.

Die Einhaltung des privilegierten Zugriffs erstreckt sich auch auf neue Cybersicherheitsgesetze und Branchenvorschriften. Die vom US-Verteidigungsministerium eingeführte Cybersecurity Maturity Model Certification (CMMC) verpflichtet Rüstungsunternehmen, privilegierte Zugriffskontrollen als Teil ihrer Cybersicherheitsprogramme zu implementieren. Ebenso beschreibt die Norm ISO/IEC 27001 Best Practices zur Sicherung von Informationsressourcen, darunter strenge privilegierte Zugriffskontrollen, kontinuierliche Überwachung und Risikomanagementprozesse.

Prüfbarkeit und Berichtswesen sind zentrale Aspekte der Compliance im PAM. Vorschriften schreiben Unternehmen vor, detaillierte Aufzeichnungen über privilegierte Zugriffsaktivitäten zu führen, einschließlich der Angabe, wer wann auf sensible Systeme zugegriffen hat und welche Aktionen ausgeführt wurden. PAM-Lösungen generieren automatisierte Prüfprotokolle und Berichte und bieten Unternehmen Echtzeit-Einblicke in privilegierte Aktivitäten. Diese Aufzeichnungen tragen zum Nachweis der Einhaltung gesetzlicher Anforderungen bei und ermöglichen es Sicherheitsteams, potenzielle Bedrohungen zu erkennen und darauf zu reagieren.

Viele Compliance-Frameworks verlangen von Organisationen regelmäßige Zugriffsprüfungen, um sicherzustellen, dass privilegierte Zugriffe weiterhin gerechtfertigt und notwendig sind. Regelmäßige Zugriffszertifizierungen stellen sicher, dass Berechtigungen entsprechend den Geschäftsanforderungen gewährt und widerrufen werden, sobald sie nicht mehr benötigt werden. PAM-Lösungen optimieren diesen Prozess durch automatisierte Workflows zur Überprüfung, Genehmigung und zum Widerruf privilegierter Zugriffe.

Unternehmen müssen sich auch mit der Einhaltung der Zugriffsrechte Dritter befassen. Viele Vorschriften schreiben strenge Kontrollen für Lieferanten, Auftragnehmer und externe Partner vor, die privilegierten Zugriff auf kritische Systeme benötigen. PAM-Lösungen erzwingen zeitlich begrenzten Just-in-Time-Zugriff (JIT) für Dritte und stellen sicher, dass externe Benutzer nur bei Bedarf und für einen begrenzten Zeitraum Zugriff erhalten. Die kontinuierliche Überwachung privilegierter Sitzungen Dritter reduziert Sicherheitsrisiken zusätzlich und unterstützt die Einhaltung gesetzlicher Vorschriften.

Datenschutzbestimmungen entwickeln sich ständig weiter. Unternehmen müssen daher ihre Sicherheitsmaßnahmen für privilegierten Zugriff entsprechend anpassen. Compliance bedeutet nicht nur, Strafen zu vermeiden, sondern auch Vertrauen bei Kunden, Partnern und Stakeholdern aufzubauen. Durch die Implementierung einer PAM-Strategie, die den gesetzlichen Anforderungen entspricht, erhöhen Unternehmen die Sicherheit, erhalten ihre operative Stabilität und stellen sicher, dass der privilegierte Zugriff sicher, überprüfbar und konform mit Branchenstandards bleibt.

Integration von PAM in bestehende IT-Umgebungen

Die Integration von Privileged Access Management (PAM) in eine bestehende IT-Umgebung ist ein komplexer, aber notwendiger Prozess, um die Sicherheit zu erhöhen, sensible Daten zu schützen und das Risiko unbefugten Zugriffs zu reduzieren. Viele Unternehmen arbeiten in hybriden Umgebungen, die lokale Infrastruktur, Cloud-Dienste, Legacy-Systeme und Drittanbieteranwendungen umfassen und alle privilegierte Zugriffskontrollen erfordern. Die effektive Implementierung von PAM in diesen Umgebungen stellt sicher, dass privilegierte Konten ordnungsgemäß verwaltet, überwacht und gesichert werden, ohne den Geschäftsbetrieb zu stören.

Die erste Herausforderung für Unternehmen bei der Integration von PAM besteht darin, alle privilegierten Konten und Zugriffspunkte in ihrer bestehenden Infrastruktur zu identifizieren. Viele IT-Umgebungen enthalten eine Mischung aus Administratorkonten, Dienstkonten, Anwendungsanmeldeinformationen und gemeinsam genutzten privilegierten Konten, die sich im Laufe der Zeit angesammelt haben. Ein gründlicher Erkennungsprozess hilft Unternehmen, diese Konten zu katalogisieren, ihre Zugriffsebenen zu bewerten und festzustellen, welche Konten die größten Sicherheitsrisiken bergen. Ohne vollständige Transparenz können privilegierte Zugriffe unkontrolliert bleiben, was zu potenziellen Sicherheitslücken führt.

Sobald privilegierte Konten identifiziert sind, müssen Unternehmen Richtlinien definieren und durchsetzen, die den bewährten Sicherheitspraktiken entsprechen. Das Prinzip der geringsten Privilegien (PoLP) ist ein grundlegendes Konzept von PAM und stellt sicher, dass Benutzer und Systeme nur über die für ihre Aufgaben erforderlichen Mindestzugriffsrechte verfügen. Die Implementierung einer rollenbasierten Zugriffskontrolle (RBAC) und einer Just-in-Time-Berechtigungserweiterung (JIT) erhöht die Sicherheit zusätzlich, indem der Zugriff rollenbasiert eingeschränkt und die Dauer des privilegierten Zugriffs begrenzt wird. Diese Richtlinien sollten einheitlich auf allen Systemen angewendet werden, einschließlich lokaler Server, Cloud-Plattformen und Remote-Access-Umgebungen.

Einer der entscheidenden Schritte bei der PAM-Integration ist die Implementierung eines zentralen Authentifizierungsmechanismus, der die Multi-Faktor-Authentifizierung (MFA) für privilegierte Benutzer unterstützt. Herkömmliche Authentifizierungsmethoden wie statische Passwörter reichen für die Sicherung privilegierter Konten nicht aus. PAM-Lösungen bieten eine sichere Aufbewahrung privilegierter Anmeldeinformationen und gewährleisten so deren sichere Speicherung, Rotation und Zugriff. Dank der automatisierten Passwortverwaltung müssen Benutzer ihre Anmeldeinformationen nicht mehr manuell verwalten. Das reduziert das Risiko von Passwortlecks und Angriffen auf Anmeldeinformationen.

Ein weiterer wichtiger Aspekt der PAM-Integration ist die Verwaltung privilegierter Sitzungen. Unternehmen müssen sicherstellen, dass alle privilegierten Aktivitäten überwacht, aufgezeichnet und nachvollziehbar sind. Tools zur Sitzungsüberwachung verfolgen Benutzeraktionen in Echtzeit, sodass Sicherheitsteams Anomalien erkennen und auf potenzielle Bedrohungen reagieren können. Die Aufzeichnung privilegierter Sitzungen liefert einen detaillierten Prüfpfad für Compliance-Zwecke und forensische Untersuchungen. Durch die Integration von PAM in SIEM-Systeme (Security Information and Event Management) können Unternehmen Protokolle privilegierter Aktivitäten mit umfassenderen Sicherheitsereignissen korrelieren und so die Bedrohungserkennung und die Reaktion auf Vorfälle verbessern.

Legacy-Systeme stellen bei der Integration von PAM besondere Herausforderungen dar, da viele ältere Anwendungen und Infrastrukturkomponenten nicht für moderne Sicherheitskontrollen konzipiert wurden. Einige Legacy-Systeme basieren möglicherweise auf fest codierten Anmeldeinformationen, unterstützen MFA nicht oder verfügen nur über eingeschränkte Protokollierungsfunktionen. Unternehmen müssen Strategien entwickeln, um die PAM-Sicherheitskontrollen auf diese Systeme auszuweiten, beispielsweise durch API-basiertes Anmeldeinformationsmanagement, die Implementierung proxybasierter Zugriffskontrollen oder die Bereitstellung sicherer Gateways zur Vermittlung privilegierten Zugriffs.

Cloud-Umgebungen bringen zusätzliche Komplexität bei der Integration von PAM mit sich, da Cloud-Service-Anbieter häufig unterschiedliche Frameworks für Identitäts- und Zugriffsverwaltung (IAM) verwenden. PAM-Lösungen müssen angepasst werden, um Cloud-basierte Workloads zu unterstützen, darunter Infrastructure-as-a-Service (IaaS), Platform-as-a-Service (PaaS) und Software-as-a-Service (SaaS). Die sichere Integration mit Cloud-nativen Authentifizierungsmethoden wie AWS IAM-Rollen oder Azure Active Directory gewährleistet eine konsistente Verwaltung des privilegierten Zugriffs sowohl auf lokale als auch auf Cloud-Ressourcen.

Die Automatisierung von PAM-Richtlinien und -Workflows hilft Unternehmen, die Sicherheit zu gewährleisten und gleichzeitig den Verwaltungsaufwand zu reduzieren. PAM-Lösungen lassen sich in IT-Service-Management-Plattformen (ITSM) integrieren, um Zugriffsgenehmigungsprozesse zu optimieren, die Rechteausweitung zu automatisieren und die Einhaltung von Richtlinien durchzusetzen. Automatisierte Workflows stellen sicher, dass privilegierte Zugriffsanfragen systematisch geprüft, genehmigt und protokolliert werden. Dadurch wird das Risiko unbefugter Rechtevergabe minimiert.

Bei der Integration von PAM in eine bestehende IT-Umgebung sind Benutzerschulungen und -sensibilisierung unerlässlich. Viele Sicherheitsverletzungen sind auf menschliche Fehler zurückzuführen, beispielsweise auf die Weitergabe von Anmeldeinformationen, schwache Passwortpraktiken oder Fehlkonfigurationen. Die Schulung von Mitarbeitern, Administratoren und Drittanbietern zu PAM-Richtlinien, bewährten Sicherheitsmethoden und Compliance-Anforderungen stärkt die allgemeine Sicherheitslage des Unternehmens. Darüber hinaus tragen kontinuierliche Programme zur Sensibilisierung für Sicherheitsaspekte dazu bei, die Bedeutung der Sicherheit privilegierter Zugriffe zu unterstreichen und die Einhaltung etablierter Protokolle zu fördern.

Regelmäßige Audits und Bewertungen stellen sicher, dass die PAM-Integration langfristig effektiv bleibt. Unternehmen sollten regelmäßig privilegierte Zugriffsrechte überprüfen, um sicherzustellen, dass Benutzer und Systeme über die richtige Zugriffsebene verfügen. Zugriffsprotokolle und Prüfpfade sollten analysiert werden, um

Anomalien zu identifizieren, den Zugriff auf Privilegien zu verringern und Sicherheitsrichtlinien zu optimieren. Durch die kontinuierliche Bewertung der PAM-Effektivität können Unternehmen sich an neue Bedrohungen anpassen und die Einhaltung von Branchenvorschriften und Sicherheitsstandards gewährleisten.

Die Integration von PAM in eine bestehende IT-Umgebung erfordert eine umfassende Strategie, die die Erkennung privilegierter Konten, die Durchsetzung von Richtlinien, verbesserte Authentifizierung, Sitzungsüberwachung, Unterstützung von Legacy-Systemen, Cloud-Integration, Automatisierung, Benutzerschulungen und kontinuierliche Audits umfasst. Durch die systematische Umsetzung dieser Maßnahmen können Unternehmen privilegierte Zugriffe effektiv sichern, Angriffsflächen reduzieren und die allgemeine Cybersicherheit stärken.

Privilegierten Zugriff in der Cloud verwalten

Die zunehmende Verbreitung von Cloud Computing hat die Verwaltung von IT-Infrastruktur, Daten und Anwendungen in Unternehmen grundlegend verändert. Die Cloud bietet zwar Skalierbarkeit, Flexibilität und Kosteneffizienz, bringt aber auch neue Sicherheitsherausforderungen mit sich, insbesondere bei der Verwaltung privilegierter Zugriffe. Im Gegensatz zu herkömmlichen lokalen Umgebungen, in denen Unternehmen die direkte Kontrolle über physische Server und Netzwerke haben, basieren Cloud-Umgebungen auf Modellen geteilter Verantwortung. Dies erfordert strenge Zugriffskontrollen zum Schutz sensibler Ressourcen. Privileged Access Management (PAM) in der Cloud ist unerlässlich, um unbefugten Zugriff zu verhindern, das Risiko von Datenschutzverletzungen zu reduzieren und die Einhaltung branchenspezifischer Vorschriften zu gewährleisten.

Eine der größten Herausforderungen bei der Verwaltung privilegierter Zugriffe in der Cloud ist die dynamische Natur der Cloud-Workloads. Cloud-Umgebungen umfassen häufig eine Mischung aus Infrastructure-as-a-Service (IaaS), Platform-as-a-Service (PaaS) und Software-as-a-Service (SaaS)-Lösungen, jede mit eigenen Zugriffskontrollmechanismen. Administratoren müssen privilegierte Zugriffe über mehrere Plattformen hinweg verwalten, darunter auch öffentliche Cloud-Anbieter wie Amazon Web Services (AWS), Microsoft Azure und Google Cloud Platform (GCP). Jeder Cloud-Dienst funktioniert anders, sodass Unternehmen eine einheitliche PAM-Strategie implementieren müssen, die konsistente Sicherheitsrichtlinien in allen Cloud-Umgebungen durchsetzt.

Ein weiteres erhebliches Risiko in Cloud-Umgebungen ist die übermäßige Nutzung langlebiger privilegierter Anmeldeinformationen. Viele Unternehmen nutzen statische Zugriffsschlüssel, API-Token und Servicekonten, um automatisierte Prozesse und Integrationen zu ermöglichen. Werden diese Anmeldeinformationen nicht regelmäßig rotiert oder gesichert, werden sie zu einem begehrten Ziel für Cyber-Angreifer. Die Implementierung von Just-in-Time (JIT)-Zugriff reduziert dieses Risiko durch die Bereitstellung temporärer Anmeldeinformationen, die nach Gebrauch ablaufen. So wird sichergestellt, dass privilegierte Konten nur bei Bedarf aktiv sind. Dies minimiert die Angriffsfläche und verhindert unbefugten Zugriff im Falle einer Kompromittierung der Anmeldeinformationen.

Die Multi-Faktor-Authentifizierung (MFA) ist eine wichtige Sicherheitsmaßnahme für die Verwaltung privilegierter Zugriffe in der Cloud. MFA bietet zusätzliche Sicherheit, indem Benutzer ihre Identität anhand mehrerer Faktoren wie Passwörtern, biometrischer Authentifizierung oder Hardware-Token verifizieren müssen. Cloud-Service-Provider bieten integrierte MFA-Lösungen an. Unternehmen sollten MFA-Richtlinien jedoch einheitlich für alle privilegierten Konten durchsetzen, einschließlich Administratorkonten, Cloud-Konsolen und Remote-Zugriffspunkten.

Rollenbasierte Zugriffskontrolle (RBAC) und attributbasierte Zugriffskontrolle (ABAC) sind wichtige Frameworks für die Verwaltung privilegierter Zugriffe in der Cloud. RBAC vergibt

Berechtigungen basierend auf vordefinierten Rollen und stellt sicher, dass Benutzer nur den für ihre Aufgaben erforderlichen Zugriff haben. ABAC erweitert dieses Modell um zusätzliche Attribute wie Gerätetyp, Standort und Zugriffszeitpunkt, um granularere Zugriffskontrollen zu gewährleisten. Die Implementierung von RBAC und ABAC hilft Unternehmen, die Ausweitung von Berechtigungen zu reduzieren und das Prinzip der geringsten Privilegien (PoLP) durchzusetzen.

Die Überwachung privilegierter Sitzungen ist ein weiterer wichtiger Aspekt von Cloud-PAM. Cloud-Umgebungen verfügen nicht über die traditionellen Netzwerkperimeter, die lokale Systeme schützen. Daher ist die Echtzeitüberwachung privilegierter Benutzeraktivitäten unerlässlich. Lösungen zur Sitzungsüberwachung zeichnen Benutzeraktionen in Cloud-Management-Konsolen, virtuellen Maschinen und privilegierten Zugriffsgateways auf und bieten so Einblick in administrative Aktivitäten. Bei verdächtigem Verhalten können automatisierte Warnmeldungen Mechanismen zur Reaktion auf Vorfälle auslösen, um potenzielle Sicherheitsverletzungen zu verhindern.

Unternehmen müssen bei der Verwaltung privilegierter Zugriffe in der Cloud auch den Zugriff Dritter berücksichtigen. Viele Unternehmen verlassen sich bei der Unterstützung ihres Cloud-Betriebs auf Cloud-Service-Provider, Berater und Managed Service Provider (MSPs). Die Gewährung uneingeschränkten Zugriffs für Dritte erhöht die Sicherheitsrisiken, weshalb die Durchsetzung strenger Zugriffsrichtlinien unerlässlich ist. Die Implementierung von zeitlich beschränktem Zugriff, Sitzungsüberwachung und Genehmigungsworkflows stellt sicher, dass Drittanbieter nur die für ihre Aufgaben erforderlichen Berechtigungen haben und ihre Aktivitäten für Sicherheitsüberprüfungen protokolliert werden.

Compliance und regulatorische Aspekte sind ein weiterer Treiber für die Einführung von Cloud-PAM. Vorschriften wie DSGVO, HIPAA, PCI DSS und ISO 27001 erfordern von Unternehmen die Implementierung strenger Zugriffskontrollen, die Führung von Audit-Protokollen und den Schutz sensibler Daten in der Cloud. PAM-Lösungen unterstützen Unternehmen bei der Einhaltung dieser Compliance-Anforderungen, indem sie den Zugriff mit geringstmöglichen Berechtigungen erzwingen, Echtzeitüberwachung ermöglichen und detaillierte

Auditberichte erstellen. Die Einhaltung branchenüblicher Richtlinien für privilegierten Zugriff reduziert das Risiko behördlicher Sanktionen und verbessert die Sicherheits-Governance.

Die Automatisierung des Privileged Access Managements ist entscheidend für die Sicherheit von Cloud-Umgebungen. Cloud-native PAM-Lösungen lassen sich in Identity- und Access-Management-Dienste (IAM) integrieren, um die Zugriffsbereitstellung, die Rotation von Anmeldeinformationen und das Compliance-Reporting zu automatisieren. Die Automatisierung reduziert den Verwaltungsaufwand für IT-Teams, verbessert die Sicherheitskonsistenz und minimiert menschliche Fehler, die zu Sicherheitslücken führen können. Durch den Einsatz von künstlicher Intelligenz und maschinellem Lernen können Unternehmen die Bedrohungserkennung verbessern, abnormale Zugriffsmuster identifizieren und in Echtzeit auf potenzielle Sicherheitsvorfälle reagieren.

Da Unternehmen weiterhin Workloads in die Cloud migrieren, hat die Sicherung privilegierter Zugriffe weiterhin höchste Priorität. Durch die Implementierung von JIT-Zugriff, MFA, RBAC, Überwachung privilegierter Sitzungen und Automatisierung können Unternehmen Cloud-Umgebungen vor unbefugtem Zugriff und Insider-Bedrohungen schützen. Eine starke Cloud-PAM-Strategie gewährleistet die effektive Verwaltung privilegierter Konten, reduziert Sicherheitsrisiken und gewährleistet gleichzeitig Compliance und Betriebseffizienz.

PAM für DevOps und CI/CD-Pipelines

Privileged Access Management (PAM) spielt eine entscheidende Rolle bei der Sicherung von DevOps-Umgebungen und Continuous Integration/Continuous Deployment (CI/CD)-Pipelines. DevOps-Praktiken legen den Schwerpunkt auf Automatisierung, schnelle Entwicklungszyklen und häufige Bereitstellungen. Daher ist eine effektive Verwaltung privilegierter Zugriffe unerlässlich. Ohne robuste

PAM-Kontrollen riskieren Unternehmen unbefugten Zugriff auf kritische Infrastrukturen, die Offenlegung von Anmeldeinformationen und Sicherheitsverletzungen, die den gesamten Softwareentwicklungszyklus gefährden können.

Eine der größten Sicherheitsherausforderungen in DevOps-Umgebungen ist die weit verbreitete Nutzung automatisierter Prozesse, die erhöhte Berechtigungen erfordern. Build-Server, Bereitstellungstools und Konfigurationsmanagementsysteme benötigen häufig privilegierte Anmeldeinformationen für die Interaktion mit Cloud-Umgebungen, Code-Repositorys und Produktionsservern. Sind diese Anmeldeinformationen fest in Skripten codiert oder an ungesicherten Orten gespeichert, werden sie zu bevorzugten Zielen für Angreifer. Die Implementierung von PAM-Lösungen stellt sicher, dass privilegierte Anmeldeinformationen sicher gespeichert, rotiert und nur bei Bedarf abgerufen werden.

Ein wichtiger Aspekt der Sicherung von DevOps-Pipelines ist die Integration von PAM in Tools zur Geheimhaltungsverwaltung. Entwickler und automatisierte Systeme benötigen häufig Zugriff auf API-Schlüssel, SSH-Schlüssel und Datenbankanmeldeinformationen. Anstatt Geheimnisse in Quellcode oder Umgebungsvariablen einzubetten, sollten Unternehmen dedizierte Lösungen zur Geheimhaltungsverwaltung verwenden, die Zugriffskontrolle und Auditing gewährleisten. PAM-Systeme können in diese Tools integriert werden, um eine zentrale Verwaltung privilegierter Anmeldeinformationen zu ermöglichen und sicherzustellen, dass nur autorisierte Prozesse darauf zugreifen können.

Just-in-Time (JIT)-Zugriff ist eine effektive Strategie, um die Gefährdung privilegierter Konten in DevOps-Workflows zu reduzieren. Anstatt Benutzern oder Systemen dauerhafte Administratorrechte zu gewähren, ermöglicht JIT-Zugriff temporären Zugriff auf Anfrage und reduziert so die Angriffsfläche. Dieser Ansatz ist besonders nützlich in CI/CD-Pipelines, wo der Zugriff auf Produktionsumgebungen nur bei Bedarf gewährt und nach Gebrauch sofort wieder entzogen werden sollte. Die Automatisierung des JIT-Zugriffs durch PAM-Lösungen stellt sicher, dass die Rechteausweitung streng kontrolliert und überwacht wird.

Die Überwachung privilegierter Sitzungen ist eine weitere wichtige PAM-Komponente für DevOps. Viele DevOps-Ingenieure und Systemadministratoren benötigen direkten Zugriff auf Produktionssysteme für Fehlerbehebungs- und Bereitstellungsaufgaben. Ohne ordnungsgemäße Sitzungsüberwachung können diese Aktivitäten unerkannt bleiben, was das Risiko von Fehlkonfigurationen und Insider-Bedrohungen erhöht. PAM-Lösungen ermöglichen die Echtzeitüberwachung und -aufzeichnung privilegierter Sitzungen. So können Sicherheitsteams die während der Bereitstellung durchgeführten Aktionen überprüfen und auf verdächtiges Verhalten reagieren.

Rollenbasierte Zugriffskontrolle (RBAC) und attributbasierte Zugriffskontrolle (ABAC) sollten in DevOps-Tools und CI/CD-Pipelines durchgesetzt werden, um die Ausbreitung von Berechtigungen zu minimieren. Anstatt allen DevOps-Teammitgliedern umfassenden Administratorzugriff zu gewähren, sollten Unternehmen Rollen basierend auf Aufgabenzuständigkeiten definieren und den Zugriff mit geringstmöglichen Berechtigungen durchsetzen. ABAC erweitert diesen Ansatz, indem es kontextbezogene Faktoren wie Benutzerstandort, Zugriffszeit und Gerätesicherheitsstatus berücksichtigt, um Zugriffsrechte dynamisch zu bestimmen.

CI/CD-Pipelines basieren stark auf Integrationen von Drittanbietern, darunter Cloud-Dienste, Container-Orchestrierungsplattformen und Code-Repositories. Jede dieser Integrationen erfordert sichere Authentifizierungsmechanismen, um unbefugten Zugriff zu verhindern. PAM-Lösungen unterstützen Unternehmen bei der Durchsetzung strenger Authentifizierungsrichtlinien wie Multi-Faktor-Authentifizierung (MFA) und Maschinenidentitätsmanagement. So wird sichergestellt, dass nur vertrauenswürdige Entitäten mit CI/CD-Workflows interagieren können.

Ein weiterer wichtiger Aspekt ist die Sicherung von Infrastructure-as-Code-Bereitstellungen (IaC). Tools wie Terraform, Ansible und Kubernetes erfordern erhöhte Berechtigungen für die Bereitstellung und Verwaltung von Cloud-Ressourcen. Sind diese Tools nicht ausreichend gesichert, können sie ausgenutzt werden, um unbefugten

Zugriff auf sensible Umgebungen zu erlangen. PAM-Lösungen lassen sich in IaC-Workflows integrieren, um Zugriffskontrollen durchzusetzen, Änderungen zu prüfen und Privilegienmissbrauch zu verhindern.

Auditing und Compliance sind wesentliche Aspekte von PAM in DevOps-Umgebungen. Regulatorische Rahmenbedingungen wie DSGVO, PCI DSS und ISO 27001 erfordern von Unternehmen, den privilegierten Zugriff auf kritische Systeme zu verfolgen und zu verwalten. PAM-Lösungen generieren detaillierte Audit-Protokolle, die Einblick in privilegierte Aktivitäten innerhalb von CI/CD-Pipelines bieten. So können Sicherheitsteams Anomalien erkennen und die Einhaltung von Branchenvorschriften gewährleisten.

Durch die Integration von PAM in DevOps- und CI/CD-Pipelines können Unternehmen Sicherheitsrisiken minimieren und gleichzeitig die Agilität und Effizienz der Softwareentwicklung aufrechterhalten. Sicheres Credential Management, JIT-Zugriff, Sitzungsüberwachung, RBAC-Durchsetzung und Compliance-Reporting tragen zu einem robusten Sicherheitsrahmen bei, der privilegierte Zugriffe in hochautomatisierten Umgebungen schützt. Da sich DevOps-Praktiken ständig weiterentwickeln, bleibt die Implementierung von PAM-Kontrollen eine wichtige Priorität für die Sicherung moderner Entwicklungs-Workflows.

Privilegierter Zugriff für Drittanbieter

Drittanbieter spielen eine entscheidende Rolle im modernen Geschäftsbetrieb und bieten Dienstleistungen wie IT-Support, Cloud-Infrastrukturmanagement, Softwareentwicklung und Systemwartung an. Diese Anbieter unterstützen zwar die Effizienz von Unternehmen, bergen aber auch erhebliche Sicherheitsrisiken, insbesondere wenn ihnen privilegierter Zugriff auf sensible Systeme gewährt wird. Ohne entsprechende Kontrollen kann der Zugriff Dritter zu einem wichtigen Angriffsvektor werden und zu Datenschutzverletzungen, Compliance-Verstößen und finanziellen Verlusten führen. Die Implementierung einer robusten Privileged Access Management (PAM)-Strategie für Drittanbieter stellt sicher, dass externe Benutzer nur den für ihre Aufgaben erforderlichen Zugriff erhalten und gleichzeitig Sicherheitsrisiken minimiert werden.

Eine der größten Herausforderungen beim privilegierten Zugriff Dritter ist der Mangel an direkter Kontrolle. Im Gegensatz zu internen Mitarbeitern agieren Lieferanten außerhalb des Sicherheitsbereichs des Unternehmens und nutzen oft ihre eigenen Geräte und Netzwerke, um auf kritische Systeme zuzugreifen. Dies erschwert die konsequente Durchsetzung von Sicherheitsrichtlinien. Unternehmen müssen strenge Authentifizierungsmechanismen wie die Multi-Faktor-Authentifizierung (MFA) implementieren, um die Identität von Lieferanten zu überprüfen, bevor Zugriff gewährt wird. Die Durchsetzung von MFA für alle Drittanbieterkonten verringert die Wahrscheinlichkeit eines unbefugten Zugriffs, selbst wenn die Anmeldeinformationen eines Lieferanten kompromittiert sind.

Die Gewährung übermäßiger oder dauerhafter privilegierter Zugriffsrechte für Lieferanten birgt zusätzliche Risiken. Viele Unternehmen tappen in die Falle, aus Bequemlichkeit dauerhafte Administratorrechte an Dritte weiterzugeben, was zu einer zunehmenden Berechtigungsausweitung führt. Just-in-Time (JIT)-Zugriff ist eine effektive Lösung für dieses Problem. Anstatt kontinuierlich privilegierten Zugriff zu gewähren, gewährt JIT-Zugriff Lieferanten nur bei Bedarf temporäre Zugangsdaten und entzieht diese nach Abschluss der Aufgabe. Dieser Ansatz reduziert die Angriffsfläche und verhindert unbefugten Zugriff, wenn Lieferantenkonten nicht aktiv genutzt werden.

Die Überwachung privilegierter Sitzungen ist eine weitere wichtige Sicherheitsmaßnahme bei der Verwaltung des Zugriffs von Drittanbietern. Durch die Aufzeichnung und Nachverfolgung aller privilegierten Aktivitäten externer Benutzer können Unternehmen die Verantwortlichkeit sicherstellen und verdächtige Aktionen erkennen. Tools zur Sitzungsüberwachung ermöglichen es Sicherheitsteams, die Aktivitäten von Anbietern in Echtzeit zu beobachten und bei ungewöhnlichem Verhalten, wie z. B. nicht autorisierten Dateiübertragungen, Systemänderungen oder Versuchen zur Rechteerweiterung, Warnmeldungen zu generieren. Die

Implementierung der Sitzungsaufzeichnung liefert zudem wertvolle Prüfprotokolle, die für Compliance- und forensische Untersuchungen ausgewertet werden können.

Durch die Einführung strenger Zugriffsgenehmigungs-Workflows wird sichergestellt, dass Lieferanten keinen uneingeschränkten Zugriff auf kritische Systeme erhalten. Zugriffsanfragen sollten einen formellen Genehmigungsprozess durchlaufen, an dem IT-Administratoren, Sicherheitsteams und Fachverantwortliche beteiligt sind. Modelle der rollenbasierten Zugriffskontrolle (RBAC) und der attributbasierten Zugriffskontrolle (ABAC) verfeinern die Berechtigungen zusätzlich, indem sie den Lieferantenzugriff basierend auf Funktion, Zugriffszeit und spezifischen Aufgaben einschränken. Diese Kontrollen verhindern, dass Drittanbieter unnötige Berechtigungen erlangen, die von Angreifern ausgenutzt werden könnten.

Der Zugriff von Drittanbietern muss zudem den gesetzlichen Anforderungen entsprechen. Compliance-Frameworks wie DSGVO, HIPAA, PCI DSS und ISO 27001 schreiben strenge Kontrollen des privilegierten Zugriffs vor, um sensible Daten zu schützen. Unternehmen müssen Prüfprotokolle aller Lieferantenaktivitäten führen, das Prinzip der geringsten Privilegien durchsetzen und regelmäßige Zugriffsprüfungen durchführen, um die Einhaltung der Vorschriften sicherzustellen. Die Nichtimplementierung dieser Kontrollen kann zu behördlichen Sanktionen und Reputationsschäden führen.

Die Automatisierung des privilegierten Zugriffsmanagements von Drittanbietern unterstützt Unternehmen bei der konsequenten Durchsetzung von Sicherheitsrichtlinien. PAM-Lösungen lassen sich in Identity- und Access-Management-Plattformen (IAM) integrieren, um das Onboarding von Lieferanten zu vereinfachen, die Sicherung von Passwörtern zu gewährleisten und Zugriffsüberprüfungen zu automatisieren. Durch die Reduzierung manueller Eingriffe erhöht die Automatisierung die Sicherheit und steigert gleichzeitig die betriebliche Effizienz.

Um ein sicheres Rahmenwerk für privilegierten Zugriff aufrechtzuerhalten, sind fortlaufende Risikobewertungen der Anbieter erforderlich. Unternehmen sollten die Sicherheitsrichtlinien der

Anbieter evaluieren, Penetrationstests durchführen und vertragliche Vereinbarungen durchsetzen, die die Einhaltung bewährter Sicherheitspraktiken vorschreiben. Regelmäßige Audits und Sicherheitsüberprüfungen stellen sicher, dass der Zugriff Dritter streng kontrolliert und mit der Risikomanagementstrategie des Unternehmens abgestimmt bleibt.

Durch die Implementierung starker Authentifizierung, Just-in-Time-Zugriff, Sitzungsüberwachung und automatisierter Sicherheitskontrollen können Unternehmen den privilegierten Zugriff von Drittanbietern effektiv verwalten. Diese Maßnahmen schützen sensible Daten, reduzieren Sicherheitsrisiken und gewährleisten die Einhaltung gesetzlicher Standards. So können Unternehmen externe Expertise nutzen, ohne die Sicherheit zu gefährden.

Abwehr von Insider-Bedrohungen mit PAM

Insider-Bedrohungen stellen eines der komplexesten und herausforderndsten Sicherheitsrisiken für Unternehmen dar. Im Gegensatz zu externen Angreifern, die die Perimeter-Abwehr überwinden müssen, haben Insider bereits Zugriff auf kritische Systeme, was ihre Erkennung und Abwehr erschwert. Privileged Access Management (PAM) spielt eine entscheidende Rolle bei der Reduzierung des Risikos von Insider-Bedrohungen, indem es strenge Zugriffskontrollen durchsetzt, privilegierte Aktivitäten überwacht und die Verantwortlichkeit von Benutzern mit erhöhten Berechtigungen sicherstellt. Ob durch böswillige Absicht, Fahrlässigkeit oder menschliches Versagen verursacht – Insider-Bedrohungen können zu Datenlecks, finanziellen Verlusten und Reputationsschäden führen. Die Implementierung von PAM hilft Unternehmen, Insider-Bedrohungen effektiv zu verhindern, zu erkennen und darauf zu reagieren.

Insider-Bedrohungen lassen sich typischerweise in drei Kategorien einteilen: böswillige Insider, fahrlässige Insider und kompromittierte Insider. Böswillige Insider missbrauchen ihren Zugriff gezielt für persönliche Vorteile, Sabotage oder Wirtschaftsspionage. Fahrlässige Insider geben unbeabsichtigt vertrauliche Daten preis oder konfigurieren Systeme falsch, was zu Sicherheitslücken führt. Kompromittierte Insider sind legitime Benutzer, deren Konten von externen Angreifern durch Phishing, Malware oder Diebstahl von Anmeldeinformationen gekapert wurden. PAM mindert diese Risiken, indem es Benutzerrechte einschränkt, das Zugriffsverhalten überwacht und Echtzeit-Einblicke in privilegierte Aktivitäten bietet.

Eine der effektivsten Möglichkeiten, Insider-Bedrohungen vorzubeugen, ist die Durchsetzung des Prinzips der geringsten Privilegien (PoLP). Indem Benutzern nur der für ihre Aufgaben erforderliche Mindestzugriff gewährt wird, verringert sich die Wahrscheinlichkeit eines Privilegienmissbrauchs. PAM-Lösungen implementieren rollenbasierte Zugriffskontrolle (RBAC) und attributbasierte Zugriffskontrolle (ABAC), um sicherzustellen, dass Mitarbeiter, Auftragnehmer und Drittanbieter keine übermäßigen Privilegien erhalten. Regelmäßige Zugriffsüberprüfungen und Privilegienaudits helfen Unternehmen, unnötige Zugriffe zu identifizieren und zu entfernen und so das Risiko eines Insider-Ausnutzens zu verringern.

Die Multi-Faktor-Authentifizierung (MFA) ist eine wichtige Sicherheitsmaßnahme, um unbefugten Zugriff durch Insider zu verhindern. Selbst wenn die Anmeldeinformationen eines Insiders kompromittiert sind, verhindert die Anforderung eines zusätzlichen Authentifizierungsfaktors, wie z. B. eines biometrischen Scans oder eines Einmalpassworts, die unbefugte Nutzung privilegierter Konten. PAM-Lösungen erzwingen MFA für alle privilegierten Benutzer und stellen sicher, dass nur verifizierte Personen auf kritische Systeme und vertrauliche Daten zugreifen können.

Die Überwachung privilegierter Sitzungen ist ein weiterer wesentlicher Bestandteil der Abwehr von Insider-Bedrohungen. Durch die Aufzeichnung und Verfolgung privilegierter Aktivitäten in Echtzeit bietet PAM Sicherheitsteams Einblicke in das Benutzerverhalten. Mithilfe der Sitzungsüberwachung können Unternehmen ungewöhnliche Muster erkennen, wie z. B. unbefugten Datenzugriff, Rechteausweitung oder Versuche, Sicherheitskontrollen zu umgehen. Sollte ein Insider verdächtige Aktivitäten ausführen, werden die

Sicherheitsteams durch automatisierte Warnmeldungen benachrichtigt, sodass sie reagieren können, bevor Schaden entsteht.

Die Erkennung von Insider-Bedrohungen erfordert zudem Verhaltensanalysen und Anomalieerkennung. PAM-Lösungen nutzen künstliche Intelligenz (KI) und maschinelles Lernen, um das Benutzerverhalten zu analysieren und Abweichungen vom normalen Verhalten zu identifizieren. Greift ein Mitarbeiter beispielsweise plötzlich außerhalb seiner üblichen Arbeitszeiten auf Systeme zu oder lädt große Mengen sensibler Daten herunter, kann PAM die Aktivität zur weiteren Untersuchung markieren. Durch die kontinuierliche Analyse des Verhaltens privilegierter Benutzer können Unternehmen potenzielle Insider-Bedrohungen proaktiv erkennen, bevor sie eskalieren.

Insider-Bedrohungen beschränken sich nicht nur auf Mitarbeiter; auch Drittanbieter und Auftragnehmer mit privilegiertem Zugriff können Risiken darstellen. PAM erzwingt strenge Zugriffskontrollen für externe Benutzer durch die Implementierung von Just-in-Time-Zugriff (JIT), der temporäre Berechtigungen nur bei Bedarf gewährt. Sobald eine Aufgabe abgeschlossen ist, wird der Zugriff automatisch widerrufen, wodurch das Risiko von Insider-Missbrauch minimiert wird. Die kontinuierliche Überwachung der Aktivitäten von Drittanbietern stellt sicher, dass externe Benutzer ihren Zugriff nicht missbrauchen oder ihre autorisierten Berechtigungen überschreiten.

In PAM integrierte Mechanismen zur Verhinderung von Datenverlust (DLP) verbessern den Schutz vor Insider-Bedrohungen zusätzlich. Unternehmen können Richtlinien definieren, die den Transfer vertraulicher Daten einschränken, unbefugte Dateidownloads verhindern und den Zugriff auf Hochrisikosysteme blockieren. PAM-Lösungen arbeiten mit DLP-Tools zusammen, um Sicherheitskontrollen durchzusetzen und Datenexfiltrationsversuche durch Insider zu unterbinden.

Um Insider-Bedrohungen zu begegnen, sind die Reaktion auf Vorfälle und die forensische Untersuchung unerlässlich. PAM-Lösungen führen detaillierte Audit-Protokolle und Sitzungsaufzeichnungen und liefern Sicherheitsteams so Nachweise für privilegierte Aktivitäten. Tritt ein Sicherheitsvorfall auf, hilft die forensische Analyse

Unternehmen, das Ausmaß der Bedrohung zu ermitteln, den verantwortlichen Insider zu identifizieren und Korrekturmaßnahmen zu ergreifen, um zukünftige Vorfälle zu verhindern.

Sicherheitsbewusstseinsschulungen sind ein entscheidender Bestandteil einer effektiven Strategie zur Abwehr von Insider-Bedrohungen. Mitarbeiter müssen über bewährte Sicherheitspraktiken, Phishing-Risiken und die Wichtigkeit der Einhaltung von Zugriffskontrollrichtlinien informiert werden. PAM-Lösungen bieten Sicherheitsteams Einblicke in das Benutzerverhalten und ermöglichen ihnen so, Schulungsprogramme auf spezifische Risiken abzustimmen.

Unternehmen müssen Insider-Bedrohungen proaktiv begegnen, indem sie die Risiken privilegierter Zugriffe kontinuierlich bewerten, Sicherheitsrichtlinien optimieren und PAM-Lösungen für Echtzeitüberwachung und Bedrohungserkennung nutzen. Durch die Durchsetzung des Least-Privilege-Prinzips, die Implementierung von MFA, die Überwachung privilegierter Sitzungen und die Nutzung von Verhaltensanalysen können Unternehmen Insider-Bedrohungen effektiv eindämmen und ihre allgemeine Sicherheitslage stärken.

Reaktion auf Vorfälle und Eindämmung von Sicherheitsverletzungen

Die Reaktion auf Vorfälle und die Eindämmung von Sicherheitsverletzungen sind entscheidende Bestandteile einer umfassenden Cybersicherheitsstrategie, insbesondere im Kontext von Privileged Access Management (PAM). Werden privilegierte Konten kompromittiert, können Angreifer tiefgreifenden Zugriff auf kritische Systeme erhalten und so Konfigurationen manipulieren, vertrauliche Daten abgreifen oder Ransomware einsetzen. Ohne einen klar definierten Reaktionsplan für Vorfälle können Unternehmen Sicherheitsverletzungen kaum eindämmen. Dies kann zu längerer Gefährdung, finanziellen Verlusten und Reputationsschäden führen.

Ein strukturierter Ansatz zur Erkennung, Eindämmung und Behebung von Sicherheitsvorfällen mit privilegiertem Zugriff ist unerlässlich, um Risiken zu minimieren und den normalen Betrieb effizient wiederherzustellen.

Der erste Schritt einer effektiven Incident-Response-Strategie ist die schnelle Erkennung. Sicherheitsteams müssen die Aktivitäten privilegierter Konten kontinuierlich auf Anzeichen von unbefugtem Zugriff, abnormalem Verhalten oder Privilegienerweiterung überwachen. Indikatoren für eine Kompromittierung (IoCs) wie wiederholte fehlgeschlagene Anmeldeversuche, Zugriffe von ungewöhnlichen Standorten oder Änderungen an Systemkonfigurationen sollten automatische Warnmeldungen auslösen. Die Integration von PAM-Lösungen in SIEM-Systeme (Security Information and Event Management) verbessert die Echtzeit-Bedrohungserkennung und ermöglicht Sicherheitsanalysten, verdächtige Aktivitäten schnell zu identifizieren und zu untersuchen.

Sobald ein Sicherheitsvorfall erkannt wird, müssen sofortige Eindämmungsmaßnahmen eingeleitet werden, um weiteren Schaden zu verhindern. Die Isolierung privilegierter Sitzungen ist eine wichtige Taktik, um die Bewegung von Angreifern innerhalb des Netzwerks einzuschränken. Durch die automatische Beendigung verdächtiger privilegierter Sitzungen können Unternehmen laterale Bewegungen verhindern und Angreifer daran hindern, ihre Berechtigungen zu erweitern. Just-in-Time-Zugriffskontrollen (JIT) reduzieren das Risiko zusätzlich, indem sie sicherstellen, dass privilegierte Anmeldeinformationen nur im Notfall verfügbar sind. So wird verhindert, dass Angreifer langjährige Administratorkonten ausnutzen.

Der Widerruf und die Rotation von Anmeldeinformationen sind wichtige Komponenten zur Eindämmung von Sicherheitsverletzungen. Wird ein privilegiertes Konto kompromittiert, müssen Sicherheitsteams die betroffenen Anmeldeinformationen sofort deaktivieren und neue ausstellen, um eine unbefugte Wiederverwendung zu verhindern. Automatisierte Passwortrotationsrichtlinien, die von PAM-Lösungen umgesetzt werden, stellen sicher, dass privilegierte Anmeldeinformationen regelmäßig aktualisiert werden. Dies verringert die

Wahrscheinlichkeit, dass Angreifer dauerhaft Zugriff erhalten. Darüber hinaus sollten Unternehmen die Multi-Faktor-Authentifizierung (MFA) für alle privilegierten Konten erzwingen, um eine zusätzliche Sicherheitsebene zu schaffen und es Angreifern zu erschweren, erneut Zugriff zu erlangen.

Forensische Untersuchungen sind unerlässlich, um das Ausmaß und die Auswirkungen einer Sicherheitsverletzung zu verstehen. Sicherheitsteams müssen Protokolle privilegierter Sitzungen, Zugriffsverläufe und Systemänderungen analysieren, um festzustellen, wie der Angriff ausgeführt wurde und welche Daten möglicherweise kompromittiert wurden. PAM-Lösungen bieten detaillierte Prüfpfade, die Ermittlern helfen, Angreiferbewegungen zu verfolgen, Schwachstellen zu identifizieren und Korrekturmaßnahmen zu ergreifen. Eine gründliche Ursachenanalyse stellt sicher, dass Sicherheitslücken geschlossen werden und ähnliche Vorfälle in Zukunft verhindert werden.

Effektive Kommunikation und Koordination sind bei der Reaktion auf Vorfälle unerlässlich. Unternehmen müssen vordefinierte Eskalationspfade und Reaktionsteams einrichten, um eine schnelle und organisierte Eindämmung und Behebung zu gewährleisten. Zu den Incident-Response-Teams sollten Cybersicherheitsspezialisten, IT-Administratoren, Rechtsberater und PR-Mitarbeiter gehören, die die technischen, rechtlichen und reputationsbezogenen Aspekte eines Verstoßes berücksichtigen. Eine klare Kommunikation mit Stakeholdern, einschließlich Kunden und Aufsichtsbehörden, trägt zu Transparenz und Vertrauen bei und gewährleistet gleichzeitig die Einhaltung der Meldepflichten bei Datenschutzverletzungen.

Wiederherstellungs- und Behebungsmaßnahmen sollten sich auf die Stärkung der Sicherheit privilegierter Zugriffe konzentrieren, um zukünftige Sicherheitsverletzungen zu verhindern. Unternehmen müssen Sicherheitsrichtlinien aktualisieren, Schwachstellen beheben und Sicherheitsschulungen durchführen, um bewährte Verfahren zu fördern. Regelmäßige Penetrationstests und Red-Team-Übungen helfen, die Wirksamkeit von Sicherheitskontrollen zu überprüfen und potenzielle Schwachstellen zu identifizieren, bevor Angreifer sie ausnutzen können. Darüber hinaus sollten kontinuierliche Überwachung und Verhaltensanalysen implementiert werden, um neu auftretende Bedrohungen und verdächtige Aktivitäten privilegierter Konten in Echtzeit zu erkennen.

Die aus jedem Sicherheitsvorfall gewonnenen Erkenntnisse sollten dokumentiert und zur Verbesserung der Vorgehensweisen bei der Reaktion auf Vorfälle genutzt werden. Durch die Durchführung von Nachbesprechungen und die Analyse früherer Sicherheitsverletzungen können Unternehmen ihre Fähigkeit verbessern, zukünftige Vorfälle zu erkennen, einzudämmen und zu entschärfen. Cyberbedrohungen entwickeln sich ständig weiter. Daher ist es für Unternehmen unerlässlich, ihre Sicherheitsstrategien anzupassen, ihre PAM-Konfigurationen zu aktualisieren und in fortschrittliche Sicherheitstechnologien zu investieren, um Angreifern immer einen Schritt voraus zu sein.

Eine proaktive und gut strukturierte Strategie zur Reaktion auf Vorfälle und zur Eindämmung von Sicherheitsverletzungen ist unerlässlich, um die Auswirkungen von Sicherheitsverletzungen im privilegierten Zugriff zu minimieren. Durch die Implementierung starker Erkennungsmechanismen, die Durchsetzung strenger Eindämmungsmaßnahmen, forensische Untersuchungen und die kontinuierliche Verbesserung der Sicherheitslage können Unternehmen ihre sensibelsten Systeme und Daten effektiv vor unbefugtem Zugriff und Cyberbedrohungen schützen.

Privilegierter Zugriff in Active Directory-Umgebungen

Active Directory (AD) bildet für viele Organisationen das Rückgrat des Identitäts- und Zugriffsmanagements und ermöglicht zentralisierte Authentifizierung und Autorisierung über Netzwerke hinweg. Angesichts seiner kritischen Rolle ist die Sicherung des privilegierten Zugriffs in AD-Umgebungen unerlässlich, um unbefugten Zugriff, Rechteausweitung und Datenschutzverletzungen zu verhindern. Cyber-Angreifer zielen häufig auf AD ab, da die Kompromittierung privilegierter Konten im Verzeichnis die Kontrolle über die gesamte IT-Infrastruktur eines Unternehmens ermöglichen kann. Die Implementierung robuster Privileged Access Management (PAM)-Strategien in AD-Umgebungen trägt dazu bei, Sicherheitsrisiken zu minimieren, das Prinzip der geringsten Privilegien durchzusetzen und die Einhaltung gesetzlicher Anforderungen zu gewährleisten.

Eines der größten Sicherheitsrisiken in AD-Umgebungen ist die übermäßige Nutzung von Domänenadministratorkonten. Viele Organisationen gewähren Benutzern übermäßige Berechtigungen und erlauben IT-Mitarbeitern und Servicekonten oft, mit vollen Administratorrechten zu arbeiten. Diese Vorgehensweise erhöht das Risiko von Privilegienmissbrauch, Insider-Bedrohungen und lateraler Bewegung durch Angreifer, die sich im Netzwerk etablieren. Die Durchsetzung des Prinzips der geringsten Privilegien (PoLP) ist ein entscheidender Schritt zur Sicherung von AD. Anstatt Domänenadministratorkonten für Routineaufgaben zu verwenden, sollten Organisationen abgestufte Zugriffsmodelle implementieren, die Administratorrechte je nach Aufgabenbereich beschränken.

Die rollenbasierte Zugriffskontrolle (RBAC) ist ein effektiver Ansatz zur Verwaltung privilegierter Zugriffe in AD-Umgebungen. Durch die Definition von Sicherheitsgruppen und die rollenbasierte Zuweisung von Berechtigungen können Unternehmen sicherstellen, dass Benutzer nur die für ihre Aufgaben erforderlichen Zugriffsrechte haben. Die Implementierung von Gruppenrichtlinienobjekten (GPOs) zur Durchsetzung von Sicherheitsrichtlinien auf AD-verwalteten Endpunkten stärkt die Zugriffskontrolle zusätzlich. Regelmäßige Überprüfungen von Sicherheitsgruppen und Berechtigungen helfen, eine Ausweitung der Berechtigungen zu erkennen und stellen sicher, dass Konten im Laufe der Zeit keine übermäßigen Zugriffsrechte anhäufen.

Die Überwachung privilegierter Sitzungen ist eine weitere Schlüsselkomponente von PAM in AD-Umgebungen. Administratoren benötigen Einblick in die Aktivitäten privilegierter Benutzer, um verdächtiges Verhalten zu erkennen und unbefugte Änderungen an Verzeichnisdiensten zu verhindern. Die Implementierung von Sitzungsaufzeichnung und Echtzeitüberwachung stellt sicher, dass alle privilegierten Aktionen protokolliert und nachvollziehbar sind.

Sicherheitsteams können diese Protokolle nutzen, um das Benutzerverhalten zu analysieren, Sicherheitsvorfälle zu untersuchen und die Einhaltung interner Richtlinien und gesetzlicher Standards durchzusetzen.

Multi-Faktor-Authentifizierung (MFA) ist eine wichtige Sicherheitsmaßnahme zum Schutz privilegierter Zugriffe in AD-Umgebungen. Die herkömmliche Benutzername-Passwort-Authentifizierung ist anfällig für Anmeldeinformationsdiebstahl, Phishing und Brute-Force-Angriffe. Die Durchsetzung von MFA für Administratorkonten reduziert das Risiko eines unbefugten Zugriffs erheblich, selbst wenn die Anmeldeinformationen kompromittiert sind. Moderne PAM-Lösungen lassen sich in AD integrieren, um MFA für privilegierte Benutzer zu erzwingen, die auf Domänencontroller, Remotedesktopdienste und vertrauliche Anwendungen zugreifen.

Dienstkonten stellen eine weitere Sicherheitsherausforderung in AD-Umgebungen dar. Diese Konten verfügen häufig über erweiterte Berechtigungen und werden von Anwendungen, Skripten und Automatisierungstools zur Interaktion mit Netzwerkressourcen verwendet. Da die Anmeldeinformationen von Dienstkonten häufig geteilt und selten rotiert werden, sind sie ein begehrtes Ziel für Angreifer. Die Implementierung einer automatisierten Rotation und Speicherung von Anmeldeinformationen stellt sicher, dass die Passwörter von Dienstkonten regelmäßig aktualisiert und sicher gespeichert werden. Die Einschränkung des Umfangs der Dienstkontoberechtigungen verringert das Risiko eines Missbrauchs zusätzlich.

Angreifer nutzen häufig Fehlkonfigurationen in AD aus, um Berechtigungen zu erweitern und sich lateral in Netzwerken zu bewegen. Techniken wie Kerberoasting, Pass-the-Hash und Golden-Ticket-Angriffe nutzen Schwachstellen in AD-Authentifizierungsmechanismen. Unternehmen müssen ihre AD-Sicherheitskonfigurationen regelmäßig überprüfen, Sicherheitspatches installieren und fortschrittliche Tools zur Bedrohungserkennung implementieren, um diese Risiken zu identifizieren und zu minimieren. Die Absicherung von AD-Umgebungen durch die Deaktivierung unnötiger Legacy-Protokolle, die Durchsetzung starker Kennwortrichtlinien und die Überwachung von Authentifizierungsprotokollen trägt dazu bei, gängige Angriffsmethoden zu verhindern.

Die Verwaltung des Lebenszyklus privilegierter Konten ist entscheidend für die Sicherheit in AD-Umgebungen. Unternehmen müssen Workflows für die Bereitstellung, Überprüfung und Deaktivierung privilegierter Konten einrichten. Die Implementierung von Just-in-Time-Zugriff (JIT) erhöht die Sicherheit zusätzlich, indem temporäre Administratorrechte gewährt werden, die nach einem vordefinierten Zeitraum ablaufen. Dieser Ansatz minimiert die Anzahl der bestehenden privilegierten Konten und verringert das Risiko einer langfristigen Offenlegung von Anmeldeinformationen.

Compliance-Rahmenwerke wie DSGVO, HIPAA, PCI DSS und NIST erfordern von Unternehmen strenge Kontrollen des privilegierten Zugriffs. In AD integrierte PAM-Lösungen unterstützen Unternehmen bei der Einhaltung von Compliance-Anforderungen, indem sie Prüfpfade bereitstellen, Least-Privilege-Richtlinien durchsetzen und eine kontinuierliche Überwachung privilegierter Aktivitäten gewährleisten. Die Erstellung von Compliance-Berichten aus AD-Protokollen und PAM-Tools vereinfacht Prüfprozesse und weist die Einhaltung von Sicherheitsstandards nach.

Die Planung der Reaktion auf Vorfälle ist ein wesentlicher Aspekt der Verwaltung privilegierter Zugriffe in AD-Umgebungen. Unternehmen müssen Reaktionsprotokolle entwickeln, um unbefugte Zugriffsversuche zu erkennen und zu entschärfen. Sicherheitsteams sollten regelmäßig Penetrationstests und AD-Sicherheitsbewertungen durchführen, um potenzielle Schwachstellen zu identifizieren. Die Implementierung automatisierter Reaktionsmechanismen, wie beispielsweise die Sperrung kompromittierter Konten und die Isolierung betroffener Systeme, gewährleistet eine schnelle Eindämmung von Sicherheitsvorfällen.

Die Sicherung privilegierter Zugriffe in Active Directory-Umgebungen erfordert einen umfassenden Ansatz, der die Durchsetzung des Prinzips der geringsten Privilegien, die Implementierung von MFA, die Überwachung privilegierter Sitzungen, die Verwaltung von Dienstkonten und die kontinuierliche Prüfung von Sicherheitskonfigurationen umfasst. Durch die Integration von PAM-

Best Practices in AD-Sicherheitskontrollen können Unternehmen ihre IT-Infrastruktur effektiv vor unbefugtem Zugriff, Insider-Bedrohungen und Cyberangriffen schützen.

PAM für Unix/Linux-Systeme

Privileged Access Management (PAM) ist unerlässlich für die Sicherung von Unix- und Linux-Umgebungen, da der administrative Zugriff auf kritische Systeme bei unzureichender Verwaltung erhebliche Sicherheitsrisiken bergen kann. Diese Betriebssysteme sind in Unternehmensumgebungen, Cloud-Infrastrukturen und Entwicklungsumgebungen weit verbreitet und daher ein Hauptziel für Cyberbedrohungen. Die ordnungsgemäße Implementierung von PAM stellt sicher, dass der privilegierte Zugriff kontrolliert, überwacht und geprüft wird. Dies reduziert das Risiko unbefugter Aktionen, Insider-Bedrohungen und externer Angriffe.

Eine der größten Herausforderungen bei der Verwaltung privilegierter Zugriffe in Unix- und Linux-Systemen ist die weit verbreitete Verwendung des Root-Kontos. Der Root-Benutzer hat uneingeschränkten Zugriff auf alle Dateien, Konfigurationen und Prozesse und ist damit ein begehrtes Ziel für Angreifer. Unternehmen müssen die Nutzung des Root-Kontos minimieren und Least-Privilege-Prinzipien implementieren, um sicherzustellen, dass Benutzer nur die für ihre Aufgaben erforderlichen Berechtigungen haben. Anstatt direkten Root-Zugriff zu gewähren, sollten Administratoren Tools wie sudo verwenden. Damit können Benutzer bestimmte Befehle mit erhöhten Berechtigungen ausführen und gleichzeitig ein Prüfprotokoll aller privilegierten Aktivitäten erstellen.

Die rollenbasierte Zugriffskontrolle (RBAC) ist ein weiterer wichtiger Aspekt von PAM für Unix- und Linux-Systeme. Durch die Definition von Benutzerrollen und die Zuweisung von Berechtigungen basierend auf Aufgabenbereichen können Unternehmen übermäßige Zugriffe einschränken und eine Ausweitung der Berechtigungen verhindern. Anstatt Benutzern umfassende Administratorrechte zu gewähren, stellt RBAC sicher, dass jeder Benutzer nur auf die für seine Rolle erforderlichen Dateien, Prozesse und Dienste zugreifen kann. Die Implementierung von Sudoers-Dateien mit detaillierter Kontrolle darüber, welche Befehle von bestimmten Benutzern ausgeführt werden können, erhöht die Sicherheit und Verantwortlichkeit zusätzlich.

Sitzungsüberwachung und -protokollierung sind Schlüsselkomponenten von PAM in Unix- und Linux-Umgebungen. Administratoren müssen alle privilegierten Aktivitäten verfolgen, um unbefugten Zugriff und potenzielle Sicherheitsvorfälle zu erkennen. Tools wie auditd und syslog ermöglichen es Unternehmen, Benutzersitzungen aufzuzeichnen und Details wie Befehlsausführung, Anmeldeversuche und Dateiänderungen zu erfassen. PAM-Lösungen lassen sich in Protokollierungssysteme integrieren, um im Falle einer Sicherheitsverletzung Echtzeitwarnungen bereitzustellen und forensische Untersuchungen zu erleichtern.

Die Multi-Faktor-Authentifizierung (MFA) ist eine wichtige Sicherheitsmaßnahme für privilegierte Konten in Unix- und Linux-Umgebungen. Herkömmliche passwortbasierte Authentifizierung ist anfällig für Brute-Force-Angriffe, Anmeldedatendiebstahl und Phishing. Die Durchsetzung von MFA stellt sicher, dass privilegierte Benutzer ihre Identität mithilfe mehrerer Authentifizierungsfaktoren bestätigen müssen, beispielsweise durch ein Passwort in Kombination mit einem Einmalpasswort (OTP) oder durch biometrische Authentifizierung. Viele PAM-Lösungen unterstützen die MFA-Integration für SSH-Anmeldungen, sodass Benutzer zusätzliche Authentifizierungsschritte durchführen müssen, bevor sie auf privilegierte Konten zugreifen können.

Die sichere Verwaltung von Anmeldeinformationen ist ein weiterer wesentlicher Aspekt von PAM in Unix- und Linux-Systemen. Viele Organisationen nutzen SSH-Schlüssel für sicheren Fernzugriff. Unsachgemäße Schlüsselverwaltung kann jedoch zu Sicherheitslücken führen. Die Speicherung von SSH-Schlüsseln in Klartextdateien, die Wiederverwendung von Schlüsseln in mehreren Systemen oder mangelnde regelmäßige Rotation erhöhen das Risiko eines unbefugten Zugriffs. PAM-Lösungen bieten sicheres SSH-Schlüsselmanagement, automatisieren die Schlüsselrotation, setzen Ablaufrichtlinien durch und stellen sicher, dass nur autorisierte Benutzer auf sensible Systeme zugreifen können.

Just-In-Time (JIT)-Zugriff erhöht die Sicherheit privilegierter Zugriffe in Unix- und Linux-Umgebungen zusätzlich. Anstatt dauerhafte Administratorrechte zu gewähren, ermöglicht JIT-Zugriff temporäre, erweiterte Zugriffsrechte basierend auf Genehmigungsworkflows. Dies reduziert die Angriffsfläche und verkürzt den Zeitraum, in dem privilegierte Anmeldeinformationen ausgenutzt werden können. PAM-Lösungen ermöglichen Administratoren die Definition von Zugriffsrichtlinien, die Benutzer dazu verpflichten, temporäre Berechtigungen anzufordern, die nach einer vordefinierten Zeit automatisch entzogen werden.

Servicekonten und Automatisierungsskripte erfordern häufig erweiterte Berechtigungen für Systemaufgaben wie das Ausführen von Cron-Jobs, die Verwaltung von Konfigurationen und die Interaktion mit Datenbanken. Die Festcodierung von Passwörtern oder API-Schlüsseln in Skripten birgt jedoch Sicherheitsrisiken. PAM-Lösungen bieten eine sichere Speicherung der Anmeldeinformationen von Servicekonten, wodurch statische Anmeldeinformationen überflüssig werden und strenge Zugriffskontrollen gewährleistet werden. Die automatisierte Passwortrotation stellt sicher, dass die Anmeldeinformationen von Servicekonten regelmäßig aktualisiert werden, wodurch das Risiko einer Beeinträchtigung der Anmeldeinformationen verringert wird.

Die Isolierung privilegierter Sitzungen ist eine weitere bewährte Methode für Unix- und Linux-Umgebungen. Anstatt direkten SSH-Zugriff auf kritische Systeme zuzulassen, können Unternehmen PAM-Lösungen nutzen, um sichere Zugriffsgateways einzurichten, die Sitzungsaufzeichnung und Befehlsfilterung ermöglichen. Dieser Ansatz verhindert, dass unbefugte Benutzer direkten Zugriff auf privilegierte Systeme erhalten, und stellt sicher, dass alle Aktivitäten für Sicherheitsprüfungen protokolliert werden.

Die Einhaltung von Sicherheitsvorschriften wie DSGVO, PCI DSS, HIPAA und NIST erfordert strenge Kontrollen des privilegierten Zugriffs in Unix- und Linux-Systemen. PAM-Lösungen unterstützen Unternehmen bei der Einhaltung dieser gesetzlichen Anforderungen, indem sie Least-Privilege-Richtlinien durchsetzen, Sitzungsüberwachung implementieren und detaillierte Prüfprotokolle führen. Regelmäßige Sicherheitsbewertungen, Zugriffsüberprüfungen und Berechtigungsaudits gewährleisten die Sicherheit privilegierter Konten und die Einhaltung der Compliance-Standards.

Die Implementierung von PAM in Unix- und Linux-Umgebungen erhöht die Sicherheit, indem sie die mit privilegiertem Zugriff verbundenen Risiken reduziert. Die Durchsetzung des Prinzips der geringsten Privilegien, die Sicherung von SSH-Schlüsseln, die Implementierung von MFA, die Überwachung von Sitzungen und die Automatisierung der Anmeldeinformationsverwaltung tragen zu einer sichereren und konformeren Infrastruktur bei. Unternehmen, die diese Best Practices anwenden, können ihre kritischen Systeme vor unbefugtem Zugriff, Insider-Bedrohungen und Cyberangriffen schützen.

Verwalten des privilegierten Zugriffs in virtualisierten Umgebungen

Virtualisierte Umgebungen bilden die Grundlage moderner IT-Infrastrukturen und bieten Unternehmen Flexibilität, Skalierbarkeit und Kosteneffizienz. Die zunehmende Komplexität der Virtualisierung bringt jedoch erhebliche Sicherheitsherausforderungen mit sich, insbesondere bei der Verwaltung privilegierter Zugriffe. Hypervisoren, virtuelle Maschinen (VMs) und cloudbasierte virtualisierte Infrastrukturen erfordern strenge privilegierte Zugriffskontrollen, um unbefugten Zugriff, Datenschutzverletzungen und Systemkompromittierungen zu verhindern. Eine gut strukturierte Privileged Access Management (PAM)-Strategie stellt sicher, dass Administratoren, Entwickler und automatisierte Prozesse virtualisierte Ressourcen sicher verwalten und gleichzeitig Sicherheitsrichtlinien und gesetzliche Vorschriften einhalten können.

Eines der Hauptrisiken in virtualisierten Umgebungen ist der weitreichende Zugriff für Hypervisor-Administratoren. Hypervisoren wie VMware vSphere, Microsoft Hyper-V und KVM steuern die Ausführung virtueller Maschinen und bilden die Grundlage der

Virtualisierungsschicht. Erlangt ein Angreifer privilegierten Zugriff auf einen Hypervisor, kann er virtuelle Maschinen manipulieren, vertrauliche Daten extrahieren oder den Geschäftsbetrieb stören. Die Implementierung des Prinzips der geringsten Privilegien (PoLP) minimiert dieses Risiko, indem der Administratorzugriff auf diejenigen beschränkt wird, die ihn für bestimmte Aufgaben benötigen. Anstatt allen IT-Mitarbeitern volle Administratorrechte zu gewähren, sollten Unternehmen die rollenbasierte Zugriffskontrolle (RBAC) nutzen, um granulare Berechtigungen basierend auf den Aufgabenbereichen zuzuweisen.

Die Überwachung privilegierter Sitzungen spielt eine entscheidende Rolle bei der Sicherung virtualisierter Umgebungen. Administratoren greifen häufig auf Hypervisoren, VM-Konsolen und Speicherressourcen zu, um Workloads zu verwalten. Ohne ordnungsgemäße Überwachung können böswillige oder versehentliche Änderungen an der virtuellen Infrastruktur unentdeckt bleiben. PAM-Lösungen ermöglichen die Echtzeitverfolgung und -aufzeichnung von Sitzungen und stellen sicher, dass alle privilegierten Aktivitäten protokolliert und nachvollziehbar sind. Sicherheitsteams können diese Protokolle überprüfen, um Anomalien zu untersuchen, unbefugte Änderungen zu erkennen und Compliance-Anforderungen durchzusetzen.

Die Verwaltung von Anmeldeinformationen ist ein weiterer wichtiger Aspekt des privilegierten Zugriffs in virtualisierten Umgebungen. Viele virtualisierte Systeme nutzen Dienstkonten, API-Schlüssel und SSH-Schlüssel für Automatisierung und Fernzugriff. Werden diese Anmeldeinformationen nicht sicher verwaltet, können Angreifer sie ausnutzen, um privilegierten Zugriff zu erlangen. PAM-Lösungen tragen dazu bei, dieses Risiko zu minimieren, indem sie Anmeldeinformationen in sicheren Tresoren speichern, eine automatische Passwortrotation erzwingen und Multi-Faktor-Authentifizierung (MFA) integrieren. Indem Unternehmen sicherstellen, dass privilegierte Anmeldeinformationen niemals fest codiert oder in Skripten offengelegt werden, verringern sie das Risiko einer Beeinträchtigung ihrer Anmeldeinformationen.

Die dynamische Natur virtualisierter Umgebungen erhöht die Komplexität des privilegierten Zugriffsmanagements zusätzlich.

Virtuelle Maschinen, Container und Cloud-Instanzen werden oft schnell erstellt und wieder gelöscht, was die Nachverfolgung und Verwaltung privilegierter Konten erschwert. Just-in-Time (JIT)-Zugriffsbereitstellung ist eine effektive Strategie, um diese Herausforderung zu meistern. Anstatt permanente privilegierte Konten zu verwalten, gewährt JIT-Zugriff temporäre Berechtigungen nur bei Bedarf und entzieht sie nach einer vordefinierten Zeit automatisch. Dieser Ansatz minimiert die Angriffsfläche und verringert die Wahrscheinlichkeit unbefugten Zugriffs.

Virtualisierte Umgebungen werden häufig in Cloud-Plattformen integriert, wodurch hybride Infrastrukturen entstehen, die lokale und Cloud-basierte Ressourcen kombinieren. Die Verwaltung privilegierter Zugriffe in diesen Umgebungen erfordert eine einheitliche PAM-Strategie, die sowohl traditionelle Rechenzentren als auch Cloud-Dienste umfasst. Unternehmen sollten PAM-Lösungen in die Identity- und Access-Management-Frameworks (IAM) integrieren, die von Cloud-Anbietern wie AWS, Azure und Google Cloud verwendet werden. Durch die Durchsetzung konsistenter Zugriffskontrollen für alle virtualisierten Ressourcen können Unternehmen Sicherheitslücken vermeiden, die durch die isolierte Verwaltung privilegierter Zugriffe entstehen.

Drittanbieter und Auftragnehmer benötigen häufig privilegierten Zugriff auf virtualisierte Umgebungen für Wartung, Fehlerbehebung oder Softwarebereitstellung. Die Gewährung uneingeschränkten Zugriffs für externe Benutzer erhöht das Risiko von Sicherheitsverletzungen und Insider-Bedrohungen. Unternehmen sollten strenge Workflows für die Zugriffsgenehmigung durchsetzen, Sitzungsaufzeichnungen für Lieferantenaktivitäten implementieren und JIT-Zugriff nutzen, um sicherzustellen, dass der Zugriff Dritter nur vorübergehend und streng überwacht ist. PAM-Lösungen unterstützen die Durchsetzung dieser Kontrollen durch die Integration von Funktionen zur Lieferantenzugriffsverwaltung und bieten so eine zusätzliche Sicherheitsebene.

Die Einhaltung gesetzlicher Vorschriften ist ein wichtiger Aspekt bei der Verwaltung privilegierter Zugriffe in virtualisierten Umgebungen. Viele Sicherheitsrahmen, darunter DSGVO, PCI DSS, HIPAA und NIST, schreiben strenge Kontrollen für privilegierte Konten und

Zugriffsüberwachung vor. PAM-Lösungen unterstützen Unternehmen bei der Einhaltung dieser Compliance-Anforderungen, indem sie Least-Privilege-Richtlinien durchsetzen, Prüfpfade erstellen und die Protokollierung aller privilegierten Aktivitäten sicherstellen. Durch die Anpassung der Virtualisierungssicherheitspraktiken an gesetzliche Standards reduzieren Unternehmen das Risiko rechtlicher und finanzieller Sanktionen bei Nichteinhaltung.

Automatisierung und Orchestrierung verbessern die Sicherheit privilegierter Zugriffe in virtualisierten Umgebungen zusätzlich. Unternehmen können PAM in IT-Service-Management-Plattformen (ITSM) und SIEM-Systeme (Security Information and Event Management) integrieren, um Zugriffsanfragen zu automatisieren, Sicherheitsrichtlinien durchzusetzen und Echtzeitwarnungen bei verdächtigen privilegierten Aktivitäten zu generieren. Durch den Einsatz von maschinellem Lernen und Verhaltensanalysen können PAM-Lösungen Anomalien in privilegierten Zugriffsmustern erkennen und Sicherheitsteams so proaktiv auf potenzielle Bedrohungen reagieren.

Unternehmen müssen ihre Strategien für das privilegierte Zugriffsmanagement kontinuierlich bewerten und optimieren, um mit den sich entwickelnden Bedrohungen Schritt zu halten. Virtualisierte Umgebungen eröffnen neue Angriffsvektoren. Daher ist die Implementierung robuster Sicherheitskontrollen unerlässlich, die unbefugten Zugriff verhindern und gleichzeitig die Betriebseffizienz gewährleisten. Durch die Durchsetzung des Least-Privilege-Prinzips, die Überwachung privilegierter Sitzungen, die Sicherung von Anmeldeinformationen, die Integration in IAM-Frameworks und die Nutzung von Automatisierung können Unternehmen privilegierte Zugriffe in virtualisierten Umgebungen effektiv verwalten, Sicherheitsrisiken reduzieren und die Einhaltung von Branchenvorschriften gewährleisten.

PAM für Mainframe- und Legacy-Systeme

Privileged Access Management (PAM) ist entscheidend für die Sicherung von Mainframe- und Legacy-Systemen, die nach wie vor eine zentrale Rolle in der IT-Infrastruktur von Unternehmen spielen. Diese Systeme verarbeiten häufig sensible Daten und geschäftskritische Anwendungen und sind daher ein begehrtes Ziel für Cyberbedrohungen. Im Gegensatz zu modernen Plattformen, die standardmäßig erweiterte Sicherheitsintegrationen unterstützen, wurden Mainframes und Legacy-Systeme in einer Zeit entwickelt, in der Cybersicherheitsbedrohungen weniger komplex waren. Daher erfordert die Implementierung von PAM in diesen Umgebungen spezielle Strategien zur Durchsetzung von Zugriffskontrollen, zur Verwaltung von Anmeldeinformationen und zur effektiven Überwachung privilegierter Aktivitäten.

Eine der größten Herausforderungen bei der Verwaltung privilegierter Zugriffe in Mainframe-Umgebungen ist die Abhängigkeit von traditionellen Authentifizierungsmechanismen. Viele Mainframes verwenden immer noch die einfache Benutzername-Passwort-Authentifizierung, die anfällig für Brute-Force-Angriffe, Anmeldedatendiebstahl und Insider-Bedrohungen ist. Die Integration moderner PAM-Lösungen stellt sicher, dass privilegierte Konten starke Authentifizierungsmethoden wie die Multi-Faktor-Authentifizierung (MFA) nutzen und so das Risiko eines unbefugten Zugriffs reduzieren. Unternehmen können PAM so konfigurieren, dass zusätzliche Authentifizierungsfaktoren erforderlich sind, bevor privilegierter Zugriff auf Mainframe-Konsolen und Verwaltungsoberflächen gewährt wird.

Ein weiteres erhebliches Sicherheitsrisiko in Legacy-Systemen ist die weit verbreitete Verwendung gemeinsam genutzter Konten. In vielen Organisationen greifen Administratoren mit allgemeinen privilegierten Konten auf Mainframes und Legacy-Anwendungen zu, ohne dass eine individuelle Verantwortlichkeit besteht. Diese Vorgehensweise erschwert die Nachverfolgung, wer bestimmte Aktionen ausgeführt hat, und erhöht das Risiko des Missbrauchs von Berechtigungen. Die Implementierung von PAM führt sicheres Credential Vaulting und Sitzungsmanagement ein und stellt sicher, dass privilegierter Zugriff einzelnen Benutzern und nicht gemeinsam genutzten Anmeldeinformationen zugewiesen wird. Durch die Durchsetzung der rollenbasierten Zugriffskontrolle (RBAC) können Organisationen spezifische Berechtigungen basierend auf den Aufgabenbereichen definieren und so übermäßigen oder unnötigen Zugriff auf kritische Systeme verhindern.

Mainframe-Umgebungen umfassen häufig Batch-Jobs, automatisierte Prozesse und Dienstkonten, die für ihre ordnungsgemäße Funktion erhöhte Berechtigungen benötigen. Diese Konten sind häufig mit statischen Anmeldeinformationen in Skripten fest codiert. Dies führt zu Sicherheitslücken, wenn die Anmeldeinformationen nicht rotiert oder nicht ordnungsgemäß gesichert werden. PAM-Lösungen bieten automatisiertes Anmeldeinformationsmanagement und stellen sicher, dass privilegierte Passwörter für Batch-Jobs und Dienstkonten sicher gespeichert und dynamisch rotiert werden, ohne den Geschäftsbetrieb zu stören. Dies reduziert das Risiko einer Beeinträchtigung der Anmeldeinformationen und gewährleistet gleichzeitig die Systemfunktionalität.

Sitzungsüberwachung und -prüfung spielen eine entscheidende Rolle bei der Sicherung des privilegierten Zugriffs auf Mainframe- und Legacy-Systeme. Herkömmliche Mainframe-Schnittstellen, wie z. B. IBMs z/OS- oder AS/400-Systeme, verfügen oft nicht über integrierte Sitzungsverfolgungsfunktionen. Dies erschwert die Erkennung von unbefugtem Zugriff oder Privilegienmissbrauch. PAM-Lösungen ermöglichen die Echtzeitüberwachung von Sitzungen und zeichnen alle privilegierten Aktivitäten für forensische Analysen und Compliance-Berichte auf. Bei verdächtigem Verhalten können Sicherheitsteams sofort reagieren, indem sie Sitzungen beenden, den Zugriff entziehen oder eine Untersuchung einleiten.

Die Integration von PAM in Legacy-Systeme erfordert sorgfältige Planung und Anpassung an bestehende Infrastrukturbeschränkungen. Viele Legacy-Anwendungen wurden nicht für moderne Sicherheitsframeworks entwickelt, was die direkte PAM-Integration komplex macht. Unternehmen können sichere Zugriffsgateways oder proxybasierte Authentifizierungsmechanismen implementieren, um privilegierte Zugriffskontrollen durchzusetzen, ohne den Code des Legacy-Systems zu ändern. Durch API-basierte Integrationen oder Middleware-Lösungen können Unternehmen PAM-

Sicherheitskontrollen auf Mainframe-Umgebungen ausweiten, ohne kritische Betriebsabläufe zu beeinträchtigen.

Die Einhaltung gesetzlicher Vorschriften ist ein weiterer wichtiger Faktor für den Bedarf an PAM in Mainframe- und Legacy-Systemen. Branchen wie das Finanzwesen, das Gesundheitswesen und der öffentliche Sektor müssen strenge Datenschutzbestimmungen wie DSGVO, HIPAA und PCI DSS einhalten. Diese Vorschriften schreiben robuste Zugriffskontrollen, Prüfpfade und Authentifizierungsmechanismen zum Schutz vertraulicher Informationen vor. PAM unterstützt Unternehmen bei der Einhaltung dieser Compliance-Anforderungen durch die Durchsetzung von Least-Privilege-Prinzipien, die Führung detaillierter Zugriffsprotokolle und die Bereitstellung automatisierter Berichte für Audits.

Viele Unternehmen modernisieren ihre IT-Umgebungen, indem sie Workloads von Legacy-Systemen in Cloud- oder Hybrid-Infrastrukturen migrieren. Eine vollständige Migration ist jedoch aufgrund betrieblicher Abhängigkeiten von Mainframes oft nicht praktikabel. PAM stellt sicher, dass der privilegierte Zugriff auf Legacy-Systeme auch bei der Umstellung auf neuere Technologien sicher bleibt. Durch die Implementierung zentralisierter PAM-Lösungen, die sowohl moderne als auch Legacy-Umgebungen verwalten, können Unternehmen konsistente Sicherheitsrichtlinien in ihrer gesamten IT-Infrastruktur einhalten.

Die Sicherung privilegierter Zugriffe in Mainframe- und Legacy-Umgebungen ist unerlässlich, um unbefugten Zugriff zu verhindern, Insider-Bedrohungen zu reduzieren und die Einhaltung gesetzlicher Vorschriften zu gewährleisten. Durch die Implementierung von Multi-Faktor-Authentifizierung, die Durchsetzung von Anmeldeinformationsverwaltung, die Aktivierung von Sitzungsüberwachung und die Integration von PAM in bestehende Sicherheitsframeworks können Unternehmen die Sicherheit ihrer wichtigsten Systeme stärken. Angesichts der sich ständig weiterentwickelnden Cyberbedrohungen ist die Aufrechterhaltung robuster privilegierter Zugriffskontrollen in Legacy-Umgebungen für langfristige Sicherheit und operative Belastbarkeit unerlässlich.

Verwenden von PAM mit Netzwerkgeräten und Appliances

Privileged Access Management (PAM) spielt eine entscheidende Rolle bei der Sicherung von Netzwerkgeräten und -anwendungen, die oft das Rückgrat der IT-Infrastruktur eines Unternehmens bilden. Router, Switches, Firewalls, Load Balancer und andere Netzwerkgeräte benötigen privilegierten Zugriff für Konfiguration, Wartung und Fehlerbehebung. Sind diese Geräte nicht ausreichend gesichert, können sie zu Angriffspunkten für Angreifer werden, die es ihnen ermöglichen, Datenverkehr abzufangen, Dienste zu stören oder ihren Zugriff innerhalb des Netzwerks zu erweitern. Die Implementierung von PAM für Netzwerkgeräte stellt sicher, dass der administrative Zugriff streng kontrolliert, überwacht und an bewährten Sicherheitspraktiken ausgerichtet ist.

Eine der größten Herausforderungen bei der Verwaltung des privilegierten Zugriffs auf Netzwerkgeräte ist die Abhängigkeit von standardmäßigen oder gemeinsam genutzten Administratorkonten. Viele Netzwerkgeräte verfügen über werkseitig voreingestellte Anmeldeinformationen, die, wenn sie unverändert bleiben, ein erhebliches Sicherheitsrisiko darstellen. Cyberkriminelle nutzen diese bekannten Standardbenutzernamen und -kennwörter häufig aus, um sich unbefugten Zugriff zu verschaffen. PAM-Lösungen erzwingen eine strikte Verwaltung der Anmeldeinformationen, indem sie die Geräteanmeldeinformationen in sicheren Tresoren speichern, regelmäßig rotieren und Administratoren die manuelle Eingabe von Passwörtern überflüssig machen.

Die Multi-Faktor-Authentifizierung (MFA) erhöht die Sicherheit, indem sie eine zusätzliche Authentifizierung über Benutzername und Passwort hinaus erfordert. Viele Netzwerkgeräte verfügen nicht über integrierte MFA-Unterstützung, sodass PAM-Lösungen integriert werden müssen, die MFA durch externe Authentifizierungsmechanismen wie RADIUS, TACACS+ oder LDAP erzwingen. Indem Administratoren ihre Identität anhand mehrerer Faktoren verifizieren müssen, können Unternehmen das Risiko von

Anmeldeinformationsangriffen wie Phishing oder Brute-Force-Angriffen reduzieren.

Die rollenbasierte Zugriffskontrolle (RBAC) ist für die Verwaltung des privilegierten Zugriffs auf Netzwerkgeräte unerlässlich. Die Gewährung umfassender Administratorrechte für alle Netzwerktechniker erhöht das Risiko versehentlicher Fehlkonfigurationen oder böswilliger Aktionen. Anstatt allen Benutzern vollen Zugriff zu gewähren, stellt RBAC sicher, dass Administratoren nur die für ihre Aufgaben erforderlichen Berechtigungen erhalten. Beispielsweise kann ein Junior-Netzwerktechniker nur Lesezugriff auf Gerätekonfigurationen haben, während ein erfahrener Administrator die volle Kontrolle über Firewall-Regeln und Routing-Tabellen hat.

Just-In-Time (JIT)-Zugriff reduziert Sicherheitsrisiken zusätzlich, indem temporärer privilegierter Zugriff auf Netzwerkgeräte nur bei Bedarf gewährt wird. Anstatt permanente Administratorkonten zu verwalten, stellt JIT-Zugriff sicher, dass erhöhte Berechtigungen für einen begrenzten Zeitraum gewährt und nach Abschluss der Aufgabe automatisch entzogen werden. Dieser Ansatz minimiert die Angriffsfläche und verhindert, dass unbefugte Benutzer längerfristig Zugriff auf kritische Infrastrukturen erhalten.

Die Überwachung und Aufzeichnung privilegierter Sitzungen bietet Echtzeit-Einblick in administrative Aktivitäten auf Netzwerkgeräten. Unbefugte Konfigurationsänderungen, verdächtige Befehlsausführungen oder unerwartete Zugriffsversuche können auf eine Sicherheitsverletzung oder eine interne Bedrohung hinweisen. PAM-Lösungen ermöglichen es Unternehmen, privilegierte Sitzungen aufzuzeichnen, Prüfprotokolle zu erstellen und bei Anomalien Warnungen auszulösen. Durch die Integration von PAM in ein SIEM-System (Security Information and Event Management) können Sicherheitsteams Ereignisse mit privilegiertem Zugriff mit anderen Sicherheitsvorfällen korrelieren und so die Bedrohungserkennung und die Reaktion auf Vorfälle verbessern.

Netzwerkgeräte werden häufig über Befehlszeilenschnittstellen (CLI) konfiguriert. Daher ist eine zentrale Zugriffskontrolle eine wichtige Sicherheitsmaßnahme. PAM-Lösungen bieten sichere Gateways, die privilegierten Zugriff auf Netzwerkgeräte vermitteln und sicherstellen, dass alle administrativen Sitzungen authentifiziert, protokolliert und überwacht werden. Diese Gateways verhindern den direkten Gerätezugriff und reduzieren so das Risiko von Anmeldedatendiebstahl und unbefugten Konfigurationsänderungen.

Drittanbieter und Auftragnehmer benötigen häufig Zugriff auf Netzwerkgeräte für Wartung, Updates und Fehlerbehebung. Die Gewährung uneingeschränkten Zugriffs für externe Benutzer erhöht das Risiko von Sicherheitsverletzungen und Compliance-Verstößen. Unternehmen sollten strenge Workflows für die Zugriffsgenehmigung implementieren, die Sitzungsüberwachung durchsetzen und zeitlich begrenzte Zugriffsrichtlinien für Drittanbieterbenutzer festlegen. PAM-Lösungen erleichtern diese Kontrollen, indem sie temporäre Anmeldeinformationen bereitstellen, die Aktivitäten der Anbieter verfolgen und sicherstellen, dass alle privilegierten Aktionen überprüft und überwacht werden.

Die Einhaltung von Sicherheitsvorschriften und Branchenstandards erfordert von Unternehmen strenge Kontrollen des privilegierten Zugriffs auf Netzwerkgeräte. Vorschriften wie PCI DSS, DSGVO, ISO 27001 und NIST schreiben Zugriffsprotokollierung, die Durchsetzung des Prinzips der geringsten Privilegien und regelmäßige Zugriffsüberprüfungen vor. PAM-Lösungen unterstützen Unternehmen bei der Einhaltung der Vorschriften, indem sie detaillierte Prüfpfade führen, Sicherheitsrichtlinien durchsetzen und Compliance-Berichte für behördliche Prüfungen erstellen.

Die Automatisierung von Workflows für privilegierten Zugriff reduziert den Verwaltungsaufwand und gewährleistet gleichzeitig eine konsistente Sicherheitsdurchsetzung. PAM-Lösungen lassen sich in Netzwerkmanagementplattformen integrieren, um die Zugriffsbereitstellung zu automatisieren, die Passwortrotation durchzusetzen und Zugriffsgenehmigungsprozesse zu optimieren. Durch den Verzicht auf die manuelle Anmeldeinformationsverwaltung und die Implementierung automatisierter Sicherheitsrichtlinien können Unternehmen die Betriebseffizienz steigern und gleichzeitig die Sicherheit des privilegierten Zugriffs erhöhen.

Die Sicherung des privilegierten Zugriffs auf Netzwerkgeräte und -anwendungen ist ein entscheidender Aspekt der IT-Sicherheit. Durch die Implementierung von PAM-Lösungen, die Anmeldeinformationsverwaltung, MFA, RBAC, Sitzungsüberwachung und Automatisierung ermöglichen, können Unternehmen ihre Netzwerkinfrastruktur vor unbefugtem Zugriff und Sicherheitsbedrohungen schützen. Eine robuste PAM-Strategie stellt sicher, dass der privilegierte Zugriff auf Router, Switches, Firewalls und andere kritische Geräte kontrolliert, überwacht und an branchenübliche Best Practices angepasst wird.

Integration mit Security Information and Event Management (SIEM)

Die Integration von Privileged Access Management (PAM) in Security Information and Event Management (SIEM)-Lösungen verbessert die Sicherheit eines Unternehmens durch Echtzeitüberwachung, zentrale Protokollierung und erweiterte Bedrohungserkennung für privilegierte Aktivitäten. PAM-Lösungen steuern und überwachen den privilegierten Zugriff, während SIEM-Plattformen unternehmensweit Sicherheitsdaten erfassen und analysieren. Zusammen bilden sie ein umfassendes Sicherheitsframework, das es Unternehmen ermöglicht, Sicherheitsvorfälle mit privilegierten Konten zu erkennen, zu untersuchen und darauf zu reagieren.

Privilegierte Konten stellen einen hochriskanten Angriffsvektor dar, da sie Zugriff auf kritische Systeme und sensible Daten gewähren. Angreifer zielen häufig auf diese Konten ab, um ihre Privilegien zu erweitern, sich lateral durch Netzwerke zu bewegen und vertrauliche Informationen zu exfiltrieren. Ohne angemessene Überwachung bleiben privilegierte Zugriffsereignisse möglicherweise unbemerkt, bis ein Verstoß auftritt. Durch die Integration von PAM in SIEM können Sicherheitsteams Protokolle privilegierter Zugriffe mit umfassenderen Sicherheitsereignissen korrelieren und Anomalien identifizieren, die auf potenzielle Bedrohungen hinweisen.

SIEM-Plattformen aggregieren Protokolle aus verschiedenen Quellen, darunter Firewalls, Intrusion Detection Systems (IDS), Endpoint Protection Tools und PAM-Lösungen. Durch die Integration von PAM-Daten in SIEM erhalten Unternehmen Einblick in privilegierte Zugriffsmuster, wie Anmeldeversuche, Sitzungsaktivitäten und Richtlinienverstöße. Die Korrelation privilegierter Zugriffsdaten mit anderen Sicherheitsereignissen hilft, Insider-Bedrohungen, kompromittierte Konten und unbefugte Zugriffsversuche in Echtzeit zu erkennen.

Echtzeit-Warnmeldungen sind ein wesentlicher Vorteil der PAM-SIEM-Integration. Bei ungewöhnlichen Aktivitäten mit privilegiertem Zugriff – wie fehlgeschlagenen Anmeldeversuchen, Rechteausweitungen oder Zugriffen von unerwarteten Standorten – generieren SIEM-Plattformen Warnmeldungen, die es Sicherheitsteams ermöglichen, den Vorfall sofort zu untersuchen und zu reagieren. Diese Warnmeldungen können automatisierte Reaktionen auslösen, wie beispielsweise die vorübergehende Deaktivierung eines Kontos, die Sperrung des Systemzugriffs oder die Einleitung eines Incident-Response-Workflows. Durch die Automatisierung von Erkennung und Reaktion können Unternehmen die Auswirkungen von Sicherheitsvorfällen mit privilegierten Konten minimieren.

Verhaltensanalysen verbessern die Sicherheit privilegierter Zugriffe, wenn PAM- und SIEM-Lösungen zusammenarbeiten. Moderne SIEM-Plattformen nutzen maschinelles Lernen und künstliche Intelligenz, um Basiswerte für normales Benutzerverhalten zu ermitteln. Weicht ein privilegierter Benutzer von etablierten Mustern ab – beispielsweise indem er sich zu einem ungewöhnlichen Zeitpunkt anmeldet, auf ein unbekanntes System zugreift oder große Datenmengen überträgt –, kennzeichnet das SIEM-System die Aktivität als verdächtig. Dieser proaktive Ansatz hilft Unternehmen, Advanced Persistent Threats (APTs) und andere komplexe Angriffe zu erkennen, bevor sie erheblichen Schaden anrichten.

Compliance und Auditbereitschaft verbessern sich durch die PAM-SIEM-Integration. Viele regulatorische Rahmenbedingungen, darunter DSGVO, PCI DSS, HIPAA und ISO 27001, verlangen von Unternehmen die Durchsetzung strenger Zugriffskontrollen, die Führung von

Prüfprotokollen und die Erkennung von Sicherheitsvorfällen mit privilegierten Konten. Durch die Einspeisung von PAM-Protokollen in SIEM erstellen Unternehmen ein zentrales Audit-Repository, das Compliance-Berichte und forensische Untersuchungen vereinfacht. Sicherheitsteams können detaillierte Berichte über privilegierte Zugriffsaktivitäten erstellen und so die Einhaltung gesetzlicher Anforderungen und interner Sicherheitsrichtlinien nachweisen.

Die PAM-SIEM-Integration bietet detaillierte Einblicke in privilegierte Zugriffsereignisse und ermöglicht so die Reaktion auf Vorfälle und forensische Analysen. Bei einer Sicherheitsverletzung nutzen forensische Ermittler PAM-Protokolle, um den Ursprung eines Angriffs zu ermitteln, den Zugriffsweg eines Angreifers zu ermitteln und betroffene Systeme zu identifizieren. SIEM-Plattformen verbessern diesen Prozess, indem sie PAM-Daten mit umfassenderen Sicherheitsprotokollen korrelieren und so eine ganzheitliche Sicht auf einen Vorfall bieten. Diese Transparenz ermöglicht es Unternehmen, Korrekturmaßnahmen zu ergreifen, beispielsweise kompromittierte Anmeldeinformationen zu widerrufen, Sicherheitspatches anzuwenden oder die Zugriffskontrollen zu verbessern.

Um die Effektivität der PAM-SIEM-Integration zu maximieren, müssen Unternehmen eine nahtlose Datenaufnahme und Protokollnormalisierung sicherstellen. PAM-Lösungen generieren strukturierte Protokolle mit detaillierten Informationen zu privilegierten Zugriffsereignissen, die für die SIEM-Aufnahme korrekt formatiert sein müssen. Sicherheitsteams sollten PAM so konfigurieren, dass Protokolle über branchenübliche Protokolle wie Syslog oder APIs gesendet werden, um sicherzustellen, dass SIEM-Plattformen die Daten effizient verarbeiten können. Eine ordnungsgemäße Protokollkategorisierung und -filterung trägt zur Reduzierung von Datenverlusten bei, sodass sich SIEM-Systeme auf risikoreiche privilegierte Zugriffsaktivitäten konzentrieren können.

Unternehmen können ihre Sicherheit weiter verbessern, indem sie PAM-SIEM-Workflows mit SOAR-Plattformen (Security Orchestration, Automation and Response) integrieren. SOAR-Lösungen automatisieren Sicherheitsaufgaben, beispielsweise das Auslösen von Incident-Response-Aktionen bei einer SIEM-Warnung. Erkennt eine SIEM-Plattform beispielsweise eine unbefugte

Rechteausweitung, kann ein SOAR-Playbook die erhöhten Berechtigungen automatisch widerrufen, Sicherheitsteams benachrichtigen und eine Untersuchung einleiten. Dieser Automatisierungsgrad verkürzt die Reaktionszeiten und minimiert das Risiko von Sicherheitsverletzungen durch kompromittierte privilegierte Konten.

Eine gut umgesetzte PAM-SIEM-Integrationsstrategie stärkt die gesamte Cybersicherheit, indem sie die Transparenz privilegierter Zugriffe verbessert, proaktive Bedrohungserkennung ermöglicht und eine schnelle Reaktion auf Vorfälle erleichtert. Durch die Kombination der Zugriffskontrollfunktionen von PAM mit der Analyseleistung von SIEM erhalten Unternehmen einen effektiveren Ansatz zum Schutz sensibler Systeme und zur Gewährleistung der Einhaltung gesetzlicher Vorschriften.

Automatisierung und Orchestrierung in PAM

Automatisierung und Orchestrierung transformieren das Privileged Access Management (PAM) durch verbesserte Sicherheit, Effizienz und Compliance bei der Verwaltung privilegierter Konten. Herkömmliche PAM-Prozesse erfordern häufig manuelle Eingriffe, wie die Bereitstellung privilegierter Zugriffe, die Rotation von Anmeldeinformationen und die Überwachung von Benutzeraktivitäten. Diese manuellen Aufgaben sind zeitaufwändig, anfällig für menschliche Fehler und schwer skalierbar. Durch die Implementierung von Automatisierung und Orchestrierung können Unternehmen PAM-Vorgänge optimieren, Sicherheitsrichtlinien konsequent durchsetzen und in Echtzeit auf Bedrohungen reagieren.

Die Automatisierung in PAM eliminiert wiederkehrende Verwaltungsaufgaben, entlastet Sicherheitsteams und gewährleistet gleichzeitig die systematische Verwaltung privilegierter Zugriffe. Ein häufiges Anwendungsbeispiel für Automatisierung ist die Verwaltung von Anmeldeinformationen. Automatisierte Passwortspeicherung und -rotation gewährleisten, dass privilegierte Anmeldeinformationen sicher gespeichert, regelmäßig aktualisiert und nicht wiederverwendet werden. Anstatt Administratoren die manuelle Passwortänderung zu überlassen, setzen automatisierte PAM-Lösungen strenge Rotationsrichtlinien durch und verhindern so, dass Angreifer statische Anmeldeinformationen ausnutzen.

Orchestration geht einen Schritt weiter und integriert PAM in andere Sicherheits- und IT-Management-Tools. Durch die Verknüpfung von PAM mit Lösungen für Security Information and Event Management (SIEM), Security Orchestration, Automation and Response (SOAR) und Identity and Access Management (IAM) schaffen Unternehmen ein nahtloses Sicherheitsökosystem. Erkennt ein SIEM-System beispielsweise verdächtige Aktivitäten mit einem privilegierten Konto, kann es über PAM eine automatisierte Reaktion auslösen, z. B. den Entzug des Zugriffs, die Rotation der Anmeldeinformationen oder die Einleitung einer Untersuchung.

Just-in-Time (JIT)-Zugriff ist ein Schlüsselmerkmal der PAM-Automatisierung. Anstatt dauerhaft privilegierte Konten zu verwalten, gewährt JIT-Zugriff temporäre Administratorrechte nur bei Bedarf. Dies minimiert die Angriffsfläche, da privilegierter Zugriff zeitlich begrenzt gewährt und automatisch entzogen wird. Automatisierte Workflows validieren Zugriffsanfragen, wenden Genehmigungsprozesse an und setzen das Prinzip der geringsten Berechtigung ohne manuelle Eingriffe durch.

Verhaltensanalysen und künstliche Intelligenz verbessern die PAM-Automatisierung, indem sie Anomalien im privilegierten Zugriffsverhalten erkennen. Machine-Learning-Modelle analysieren Benutzeraktivitätsmuster und identifizieren Abweichungen wie Anmeldungen von ungewöhnlichen Standorten, Versuche zur Rechteerweiterung oder Zugriffe außerhalb der normalen Arbeitszeiten. Automatisierte Risikobewertungen ermöglichen Unternehmen die Implementierung adaptiver Sicherheitskontrollen und passen Zugriffsrechte dynamisch anhand von Echtzeit-Bedrohungsbewertungen an.

Die Orchestrierung optimiert die Reaktion auf Vorfälle, indem sie koordinierte Sicherheitsmaßnahmen über mehrere Systeme hinweg ermöglicht. Wenn ein privilegiertes Konto Anzeichen einer Kompromittierung aufweist, kann eine orchestrierte Reaktion das betroffene Konto automatisch isolieren, Sicherheitsteams benachrichtigen und eine forensische Analyse auslösen. Die Integration von PAM mit Endpoint Detection and Response (EDR)-Tools stellt sicher, dass kompromittierte Konten nicht für Angriffe innerhalb des Unternehmensnetzwerks missbraucht werden können.

Die Durchsetzung von Compliance-Vorgaben profitiert erheblich von der Automatisierung im PAM. Regulatorische Rahmenbedingungen wie DSGVO, HIPAA und PCI DSS erfordern strenge Kontrollen des privilegierten Zugriffs, einschließlich Auditing, Protokollierung und Zugriffsüberprüfungen. Die Automatisierung dieser Prozesse stellt sicher, dass Compliance-Anforderungen konsequent eingehalten werden. Automatisiertes Reporting und die Generierung von Audit-Trails vereinfachen regulatorische Audits und bieten Sicherheitsteams Echtzeit-Einblicke in privilegierte Aktivitäten.

Die Skalierung von PAM in Cloud-, Hybrid- und Multi-Cloud-Umgebungen erfordert Automatisierung, um dynamische Workloads effizient zu verwalten. Cloud-native PAM-Lösungen lassen sich in Cloud-IAM-Frameworks integrieren und automatisieren die Bereitstellung privilegierter Zugriffe für virtuelle Maschinen, Container und serverlose Anwendungen. Die Orchestrierung von PAM-Richtlinien in lokalen und Cloud-Umgebungen gewährleistet einheitliche Sicherheitskontrollen und reduziert Fehlkonfigurationen und Sicherheitslücken.

Angesichts der sich ständig weiterentwickelnden Cyberbedrohungen bieten Automatisierung und Orchestrierung in PAM Unternehmen die nötige Flexibilität, um privilegierte Konten proaktiv zu schützen. Durch die Automatisierung der Anmeldeinformationsverwaltung, die Durchsetzung des JIT-Zugriffs, die Nutzung von Verhaltensanalysen und die Integration von Sicherheitsorchestrierungstools erhöhen Unternehmen die Sicherheit und reduzieren gleichzeitig die betriebliche Komplexität. Eine gut orchestrierte PAM-Strategie ermöglicht eine schnellere Bedrohungserkennung, verbesserte Compliance und einen stärkeren Schutz kritischer Ressourcen.

Maschinenidentitäten und privilegierter Zugriff

Maschinenidentitäten spielen in modernen IT-Umgebungen eine entscheidende Rolle. Automatisierung, Cloud Computing und vernetzte Systeme sind auf nicht-menschliche Entitäten angewiesen, um sich zu authentifizieren und sicher zu interagieren. Im Gegensatz zu Benutzeridentitäten, die über herkömmliche Identitäts- und Zugriffsverwaltungssysteme (IAM) verwaltet werden, umfassen Maschinenidentitäten Dienstkonten, Anwendungsanmeldeinformationen, API-Schlüssel, Zertifikate und kryptografische Token. Die Verwaltung des privilegierten Zugriffs auf diese Maschinenidentitäten ist unerlässlich, um die Unternehmensinfrastruktur zu sichern, unbefugten Zugriff zu verhindern und die Risiken im Zusammenhang mit dem Missbrauch oder der Gefährdung von Anmeldeinformationen zu minimieren.

Da Unternehmen zunehmend auf Cloud-Dienste, Microservices und automatisierte Workflows setzen, wächst die Anzahl der Maschinenidentitäten exponentiell. Jede virtuelle Maschine, jeder Container oder jede Anwendungskomponente benötigt häufig Anmeldeinformationen, um mit anderen Diensten zu kommunizieren, auf Datenbanken zuzugreifen oder automatisierte Prozesse auszuführen. Ohne ordnungsgemäße Governance sind diese Anmeldeinformationen schwer nachzuverfolgen. Dies führt zu Sicherheitslücken, da privilegierter Zugriff ohne ausreichende Kontrolle gewährt wird. Die Implementierung von Privileged Access Management (PAM) für Maschinenidentitäten stellt sicher, dass diese Anmeldeinformationen gemäß bewährten Sicherheitsmethoden ordnungsgemäß gespeichert, rotiert und eingeschränkt werden.

Eines der größten Sicherheitsrisiken im Zusammenhang mit Maschinenidentitäten ist der Missbrauch fest codierter Anmeldeinformationen. Viele Anwendungen, Skripte und Infrastrukturkomponenten nutzen eingebettete Passwörter oder API-

Schlüssel zur Authentifizierung bei externen Systemen. Sind diese Anmeldeinformationen nicht verschlüsselt und nicht ausreichend gesichert, werden sie zu einem bevorzugten Ziel für Angreifer. Cyberkriminelle durchsuchen häufig Repositories, Cloud-Speicher und Konfigurationsdateien nach offengelegten Geheimnissen. PAM-Lösungen mindern dieses Risiko, indem sie Maschinenanmeldeinformationen sichern, Zugriffskontrollen durchsetzen und in Tools zur Geheimnisverwaltung integrieren, um fest codierte Authentifizierungsdaten überflüssig zu machen.

Die automatisierte Rotation von Anmeldeinformationen ist eine wichtige Sicherheitsmaßnahme für die Verwaltung von Maschinenidentitäten. Im Gegensatz zu Benutzerkennwörtern, die üblicherweise regelmäßig aktualisiert werden, bleiben Maschinenanmeldeinformationen oft über längere Zeiträume statisch, was das Risiko eines unbefugten Zugriffs erhöht. PAM-Lösungen setzen dynamische Richtlinien zur Anmeldeinformationsrotation durch, die in regelmäßigen Abständen neue Anmeldeinformationen generieren und verteilen. Dies reduziert das Risiko einer Kompromittierung von Anmeldeinformationen und gewährleistet gleichzeitig eine nahtlose Authentifizierung für automatisierte Prozesse. Unternehmen können die Sicherheit weiter erhöhen, indem sie Just-in-Time-Zugriff (JIT) für Maschinenidentitäten implementieren, indem temporäre Anmeldeinformationen nur bei Bedarf gewährt und nach Gebrauch wieder entzogen werden.

Sichere Authentifizierungsmechanismen sind für den Schutz von Maschinenidentitäten unerlässlich. Die herkömmliche passwortbasierte Authentifizierung ist für Hochsicherheitsumgebungen mit Automatisierung und M2M-Kommunikation (Machine-to-Machine) unzureichend. Unternehmen sollten zertifikatsbasierte Authentifizierung, OAuth-Token und kryptografischen Schlüsselaustausch implementieren, um die Authentifizierungsprozesse zu stärken. Der Einsatz von Public Key Infrastructure (PKI) und Mutual TLS (mTLS) stellt sicher, dass nur vertrauenswürdige Maschinenidentitäten auf sensible Systeme zugreifen können, wodurch das Risiko unbefugter Zugriffe reduziert wird.

Die Überwachung und Protokollierung privilegierter Sitzungen ist entscheidend für die Nachverfolgung der Nutzung von Maschinenidentitäten. Im Gegensatz zu menschlichen Benutzern generieren Maschinenidentitäten eine große Anzahl von Authentifizierungsanfragen, wodurch die Unterscheidung zwischen legitimen Aktivitäten und böswilligem Verhalten erschwert wird. PAM-Lösungen bieten Echtzeitüberwachung, Auditing und Anomalieerkennung, um ungewöhnliche Zugriffsmuster zu kennzeichnen. Greift eine Maschinenidentität plötzlich außerhalb der normalen Betriebsparameter auf ein System zu oder weist sie Anzeichen von Anmeldedatenmissbrauch auf, können Sicherheitsteams proaktiv reagieren, indem sie den Zugriff entziehen und potenzielle Verstöße untersuchen.

Cloud-Umgebungen bringen zusätzliche Komplexität bei der Verwaltung von Maschinenidentitäten mit sich. Cloud-Workloads, Container und serverlose Funktionen erfordern häufig privilegierten Zugriff für die Interaktion mit Datenbanken, Speicherdiensten und APIs von Drittanbietern. PAM-Lösungen lassen sich in Cloud-IAM-Frameworks integrieren, um Least-Privilege-Zugriffsrichtlinien durchzusetzen und sicherzustellen, dass Maschinenidentitäten nur die für ihre spezifischen Funktionen erforderlichen Berechtigungen haben. Sicherheitsteams müssen Cloud-Berechtigungen kontinuierlich prüfen, übermäßige Berechtigungen entfernen und detaillierte Zugriffskontrollen implementieren, um die Angriffsfläche zu minimieren.

Die Einhaltung gesetzlicher Vorschriften erfordert eine strenge Kontrolle der Maschinenidentitäten und des privilegierten Zugriffs. Frameworks wie DSGVO, HIPAA, PCI DSS und NIST verlangen von Unternehmen die Implementierung robuster Authentifizierungs-, Verschlüsselungs- und Auditkontrollen zum Schutz sensibler Daten. PAM-Lösungen unterstützen Unternehmen bei der Einhaltung von Compliance-Anforderungen, indem sie Zugriffsrichtlinien durchsetzen, Audit-Protokolle führen und Compliance-Berichte erstellen. Durch die Integration von PAM in SIEM-Systeme (Security Information and Event Management) erhalten Unternehmen Echtzeit-Einblicke in die Aktivitäten der Maschinenidentitäten und potenzielle Sicherheitsvorfälle.

Integrationen von Drittanbietern und die Sicherheit der Lieferkette unterstreichen die Bedeutung des Maschinenidentitätsmanagements zusätzlich. Unternehmen verlassen sich häufig auf externe Anbieter, Cloud-Anbieter und Software-as-a-Service (SaaS)-Plattformen, die eine Maschine-zu-Maschine-Authentifizierung erfordern. PAM-Lösungen stellen sicher, dass die vom Anbieter ausgestellten Anmeldeinformationen ordnungsgemäß gesichert, überwacht und eingeschränkt werden, um Risiken durch Drittanbieter zu minimieren. Die Implementierung von föderierter Authentifizierung und Zero-Trust-Prinzipien stärkt die Zugriffskontrolle zusätzlich, indem sie eine kontinuierliche Überprüfung der Maschinenidentitäten erfordert.

Da Maschinenidentitäten in Unternehmensumgebungen immer häufiger vorkommen, benötigen Unternehmen eine umfassende Strategie zur Sicherung privilegierter Zugriffe. Die Implementierung von PAM-Lösungen, die Durchsetzung der Anmeldeinformationsrotation, der Einsatz sicherer Authentifizierungsmechanismen und die kontinuierliche Überwachung der Maschinenidentitätsaktivitäten sind wichtige Schritte, um unbefugten Zugriff zu verhindern und Sicherheitsrisiken zu reduzieren. Eine stärkere Kontrolle der Maschinenidentitäten gewährleistet den sicheren Betrieb automatisierter Workflows, Cloud-Dienste und vernetzter Systeme und gewährleistet gleichzeitig die Einhaltung der Branchenvorschriften.

Privilegierter Zugriff im Internet der Dinge (IoT)

Das Internet der Dinge (IoT) hat Branchen revolutioniert, indem es Geräte, Sensoren und Systeme vernetzt und so Echtzeit-Datenaustausch und Automatisierung ermöglicht. Von Smart Homes und industriellen Steuerungssystemen bis hin zu Gesundheitswesen und Transport spielen IoT-Geräte eine entscheidende Rolle in der modernen digitalen Infrastruktur. Die flächendeckende Nutzung des IoT birgt jedoch auch erhebliche Sicherheitsrisiken, insbesondere bei der Verwaltung privilegierter Zugriffe. Im Gegensatz zu herkömmlichen IT-Umgebungen, in denen der privilegierte Zugriff auf eine begrenzte Anzahl von Benutzern beschränkt ist, umfassen IoT-Ökosysteme zahlreiche vernetzte Geräte, die Authentifizierung,

Zugriffskontrollen und sichere Kommunikationskanäle erfordern. Ohne geeignetes Privileged Access Management (PAM) können diese Geräte zu Einfallstoren für Cyberangriffe werden, was zu Datenlecks, Betriebsstörungen und Verstößen gegen gesetzliche Vorschriften führen kann.

Eine der größten Herausforderungen bei der Sicherung privilegierter Zugriffe in IoT-Umgebungen ist die schiere Größe und Vielfalt der Geräte. IoT-Netzwerke bestehen oft aus Tausenden oder sogar Millionen verbundener Endpunkte – von einfachen Sensoren bis hin zu komplexen Industriemaschinen. Viele dieser Geräte sind an verteilten Standorten mit eingeschränkten Sicherheitskontrollen im Einsatz, was die Durchsetzung einheitlicher Zugriffsrichtlinien erschwert. Im Gegensatz zu herkömmlichen IT-Systemen, die auf zentralisiertem Identitätsmanagement basieren, arbeiten IoT-Geräte oft unabhängig und verwenden fest codierte Anmeldeinformationen oder schwache Authentifizierungsmechanismen. Angreifer nutzen diese Schwachstellen aus, indem sie Standardkennwörter, ungesicherte APIs und veraltete Firmware ausnutzen, um unbefugte Kontrolle über IoT-Systeme zu erlangen.

Die Implementierung starker Authentifizierungsmechanismen ist für den Schutz privilegierter Zugriffe in IoT-Umgebungen unerlässlich. Die herkömmliche Benutzername-Passwort-Authentifizierung reicht für die Sicherheit von IoT-Geräten nicht aus, da Passwörter durch Brute-Force-Angriffe oder Anmeldeinformationslecks leicht kompromittiert werden können. Unternehmen sollten zertifikatsbasierte Authentifizierung, Public-Key-Infrastruktur (PKI) und kryptografische Token einsetzen, um sicherzustellen, dass nur autorisierte Geräte und Benutzer auf privilegierte Funktionen zugreifen können. Die Multi-Faktor-Authentifizierung (MFA) bietet zusätzliche Sicherheit: Geräteadministratoren müssen ihre Identität anhand mehrerer Authentifizierungsfaktoren verifizieren, bevor sie Zugriff auf IoT-Verwaltungskonsolen und kritische Systeme erhalten.

Rollenbasierte Zugriffskontrolle (RBAC) und attributbasierte Zugriffskontrolle (ABAC) tragen zur Durchsetzung des Prinzips der geringsten Privilegien in IoT-Ökosystemen bei. Anstatt allen Benutzern und Geräten umfassenden administrativen Zugriff zu gewähren, sollten Unternehmen granulare Zugriffsrichtlinien implementieren, die Berechtigungen basierend auf spezifischen Rollen, Geräteattributen und betrieblichen Anforderungen einschränken. Beispielsweise sollte ein intelligenter Thermostat in einem Firmengebäude nur Zugriff auf Temperaturregelungsfunktionen haben, während ein industrielles IoT-Gateway auf die Verwaltung von Fabrikanlagen beschränkt sein sollte. Durch die Definition von Zugriffsebenen basierend auf Gerätetyp, Standort und Nutzungsmustern können Unternehmen das Risiko von unbefugtem Zugriff und Rechteausweitung minimieren.

Just-In-Time (JIT)-Zugriff erhöht die IoT-Sicherheit zusätzlich, indem temporäre Berechtigungen nur bei Bedarf gewährt werden. IoT-Geräte benötigen häufig Administratorzugriff für Software-Updates, Fehlerbehebung und Konfigurationsänderungen. Dauerhaft aktivierte privilegierte Anmeldeinformationen vergrößern jedoch die Angriffsfläche. JIT-Zugriff stellt sicher, dass Administratorrechte dynamisch bereitgestellt und nach einer vordefinierten Zeit automatisch widerrufen werden. Dieser Ansatz verhindert, dass Angreifer inaktive Anmeldeinformationen ausnutzen, und begrenzt die potenziellen Auswirkungen kompromittierter Konten.

Die Überwachung und Protokollierung privilegierter Sitzungen spielt eine entscheidende Rolle bei der Erkennung und Reaktion auf Sicherheitsvorfälle in IoT-Netzwerken. Im Gegensatz zu herkömmlichen IT-Umgebungen, in denen Administratoren Benutzersitzungen aktiv überwachen können, generieren IoT-Geräte riesige Datenmengen, die die Nachverfolgung privilegierter Zugriffsaktivitäten erschweren. PAM-Lösungen lassen sich in SIEM-Plattformen (Security Information and Event Management) integrieren, um Protokolle privilegierter Zugriffe in IoT-Ökosystemen zu erfassen, zu analysieren und zu korrelieren. Durch Echtzeitüberwachung können Sicherheitsteams Anomalien wie unbefugten Gerätezugriff, Privilegienerweiterungen und verdächtige Konfigurationsänderungen identifizieren. Durch den Einsatz von Verhaltensanalysen und maschinellem Lernen können Unternehmen potenzielle Bedrohungen erkennen, bevor sie zu umfassenden Angriffen eskalieren.

IoT-Geräte kommunizieren häufig mit Cloud-Diensten, mobilen Anwendungen und Drittanbieterplattformen, was zusätzliche

Sicherheitsrisiken im Zusammenhang mit privilegiertem Zugriff birgt. Viele IoT-Ökosysteme nutzen cloudbasierte Verwaltungsportale für die Remote-Administration, wodurch privilegierte Anmeldeinformationen dem Risiko des Abfangens oder Missbrauchs ausgesetzt sind. Unternehmen müssen Ende-zu-Ende-Verschlüsselung, sichere API-Authentifizierung und robuste Zugriffskontrollen durchsetzen, um den IoT-Datenaustausch zu schützen. Die Implementierung von Zero-Trust-Prinzipien stellt sicher, dass jede Zugriffsanfrage – ob von einem menschlichen Benutzer oder einem IoT-Gerät – überprüft und validiert wird, bevor privilegierter Zugriff gewährt wird.

Firmware-Sicherheit und Patch-Management sind wichtige Komponenten des privilegierten Zugriffsschutzes in IoT-Umgebungen. Viele IoT-Geräte arbeiten mit veralteter Firmware und bekannten Sicherheitslücken, die Angreifer ausnutzen, um privilegierte Kontrolle zu erlangen. Unternehmen sollten automatisierte Patch-Management-Richtlinien etablieren, die regelmäßige Firmware-Updates, Sicherheitspatches und die Behebung von Schwachstellen erzwingen. Sichere Boot-Mechanismen und Code-Signierung stellen sicher, dass nur vertrauenswürdige Firmware-Versionen auf IoT-Geräten ausgeführt werden können. So wird verhindert, dass Angreifer Schadcode einschleusen und Zugriffskontrollen umgehen.

IoT-Drittanbieter und -Dienstleister benötigen häufig privilegierten Zugriff für die Fernverwaltung von Geräten, was die Sicherheitskomplexität zusätzlich erhöht. Unternehmen müssen strenge Workflows für die Zugriffsgenehmigung implementieren, die Zugriffsüberwachung der Anbieter durchsetzen und zeitlich begrenzte Berechtigungen vergeben, um übermäßige Privilegien zu verhindern. PAM-Lösungen bieten eine zentrale Zugriffskontrolle für Drittanbieterintegrationen und stellen sicher, dass externe Einheiten dieselben Sicherheitsrichtlinien befolgen wie interne Benutzer. Kontinuierliche Audits und Compliance-Berichte helfen Unternehmen, den Überblick über privilegierte Zugriffsaktivitäten zu behalten und die Einhaltung gesetzlicher Standards wie DSGVO, NIST und ISO 27001 sicherzustellen.

Da die IoT-Nutzung weiter zunimmt, hat die Sicherung privilegierter Zugriffe für Unternehmen aller Branchen weiterhin höchste Priorität.

Durch die Implementierung starker Authentifizierungsmechanismen, die Durchsetzung von Least-Privilege-Prinzipien, Just-in-Time-Zugriff und die kontinuierliche Überwachung privilegierter Sitzungen können Unternehmen die mit IoT-Sicherheitslücken verbundenen Risiken minimieren. Der Schutz privilegierter Zugriffe in IoT-Ökosystemen stellt sicher, dass vernetzte Geräte sicher, widerstandsfähig und konform mit den Best Practices der Branche bleiben.

PAM für Container und Microservices

Privileged Access Management (PAM) ist unerlässlich für die Sicherung von Containern und Microservices, die zu grundlegenden Elementen moderner Anwendungsentwicklung und -bereitstellung geworden sind. Diese Technologien bieten Skalierbarkeit, Flexibilität und Automatisierung, bringen aber auch einzigartige Sicherheitsherausforderungen mit sich. Im Gegensatz zu herkömmlichen monolithischen Anwendungen bestehen containerisierte Umgebungen aus mehreren dynamisch interagierenden Komponenten, die oft privilegierten Zugriff benötigen, um ordnungsgemäß zu funktionieren. Ohne geeignete PAM-Kontrollen können falsch verwaltete Berechtigungen zu unbefugtem Zugriff, lateraler Bewegung und potenzieller Ausbeutung sensibler Daten führen.

Eine der größten Herausforderungen für die Containersicherheit ist die weit verbreitete Verwendung von Root-Rechten. Viele containerisierte Anwendungen laufen standardmäßig als Root und setzen das zugrunde liegende Hostsystem dadurch Sicherheitsrisiken aus. Kommt ein Angreifer in einen privilegierten Container, kann er potenziell Zugriff auf den gesamten Host erhalten oder die Rechte mehrerer Dienste erweitern. Die Durchsetzung des Prinzips der geringsten Rechte ist in containerisierten Umgebungen entscheidend. Unternehmen sollten Richtlinien implementieren, die verhindern, dass Container nur im Notfall mit Root-Rechten ausgeführt werden, und Benutzernamensräume verwenden, um Prozesse vom Hostsystem zu isolieren.

Die Verwaltung von Geheimnissen wie API-Schlüsseln, Anmeldeinformationen und Verschlüsselungsschlüsseln ist ein weiterer wichtiger Aspekt von PAM für Container und Microservices. Diese Geheimnisse werden häufig für die Kommunikation zwischen Diensten, den Datenbankzugriff und die Integration mit externen Systemen benötigt. Fest codierte Anmeldeinformationen in Container-Images oder Umgebungsvariablen verursachen schwerwiegende Sicherheitslücken. Angreifer, die Zugriff auf einen laufenden Container erhalten, können diese Geheimnisse leicht extrahieren und sich so unbefugten Zugriff verschaffen. Die Verwendung einer sicheren, in PAM integrierten Lösung zur Verwaltung von Geheimnissen stellt sicher, dass vertrauliche Anmeldeinformationen sicher gespeichert, nur bei Bedarf abgerufen und regelmäßig ausgetauscht werden.

Container-Orchestrierungsplattformen wie Kubernetes erhöhen die Komplexität bei der Verwaltung privilegierter Zugriffe. Kubernetes-Cluster bestehen aus mehreren Komponenten, darunter der Steuerungsebene, Worker-Knoten und containerisierten Workloads, die alle ein sorgfältiges Zugriffsmanagement erfordern. Die rollenbasierte Zugriffskontrolle (RBAC) von Kubernetes hilft bei der Definition granularer Berechtigungen für verschiedene Benutzer, Dienste und Prozesse. Durch die Integration von PAM mit Kubernetes RBAC können Unternehmen Least-Privilege-Prinzipien durchsetzen, privilegierte Aktivitäten überwachen und die unbeabsichtigte Vergabe übermäßiger Berechtigungen verhindern.

Just-In-Time (JIT)-Zugriff ist besonders effektiv für die Sicherung von Containerumgebungen. Anstatt Entwicklern oder Automatisierungstools dauerhafte Administratorrechte zu gewähren, ermöglicht JIT-Zugriff temporären Zugriff basierend auf vordefinierten Genehmigungsworkflows. Beispielsweise kann ein Entwickler, der Zugriff auf einen Produktionscontainer benötigt, vorübergehend erhöhte Rechte anfordern, die nach Beendigung der Sitzung automatisch entzogen werden. Dieser Ansatz minimiert das Risiko des Privilegienmissbrauchs und stellt sicher, dass Zugriff nur bei Bedarf gewährt wird.

Die Überwachung und Prüfung privilegierter Sitzungen ist entscheidend für die Nachverfolgung des Zugriffs auf containerisierte Umgebungen. Da Microservices oft dynamisch kommunizieren, ist es wichtig, Einblick zu haben, wer wann und zu welchem Zweck auf was zugegriffen hat. PAM-Lösungen, die in Log-Aggregation- und SIEM-Systeme (Security Information and Event Management) integriert sind, ermöglichen die Echtzeitüberwachung privilegierter Aktivitäten. So können Sicherheitsteams Anomalien, unbefugte Zugriffsversuche und potenzielle Sicherheitsverletzungen erkennen.

Automatisiertes Workload-Identitätsmanagement ist eine weitere Schlüsselkomponente von PAM in containerisierten Umgebungen. Im Gegensatz zu herkömmlichen Anwendungen, bei denen die Authentifizierung benutzerzentriert ist, benötigen containerisierte Workloads eigene Identitäten für die sichere Interaktion. Die Verwendung von Workload-Identitäten und die Implementierung starker Authentifizierungsmechanismen wie gegenseitiges TLS (mTLS) oder OAuth-basierte Dienstauthentifizierung stellt sicher, dass nur autorisierte Container mit kritischen Diensten kommunizieren können.

Die Sicherung des privilegierten Zugriffs in DevOps-Pipelines ist ebenfalls von entscheidender Bedeutung, da Container häufig über automatisierte CI/CD-Prozesse erstellt, getestet und bereitgestellt werden. Wenn CI/CD-Tools über übermäßige Berechtigungen verfügen, kann eine kompromittierte Pipeline zu einem umfassenden Angriff führen. Die Implementierung von PAM in DevOps-Workflows stellt sicher, dass CI/CD-Tools den geringstmöglichen Zugriffsprivilegien nutzen, Geheimnisse sicher verwaltet und alle privilegierten Aktionen automatisierter Skripte protokolliert und überwacht werden.

Compliance- und regulatorische Anforderungen gelten auch für containerisierte Umgebungen. Vorschriften wie DSGVO, PCI DSS und HIPAA schreiben strenge Zugriffskontrollen, Audits und die Überwachung privilegierter Sitzungen vor. PAM-Lösungen unterstützen Unternehmen bei der Einhaltung dieser Compliance-Anforderungen, indem sie Zugriffsrichtlinien durchsetzen, Prüfpfade erstellen und Echtzeitwarnungen bei verdächtigen privilegierten Aktivitäten bereitstellen.

Durch die Integration von PAM in Container-Orchestrierungsplattformen, die Durchsetzung des Prinzips der geringsten Privilegien, die Sicherung von Geheimnissen und die Implementierung von JIT-Zugriff können Unternehmen privilegierte Zugriffe in containerisierten und Microservices-basierten Umgebungen effektiv verwalten. Diese Sicherheitsmaßnahmen reduzieren die Angriffsfläche, verhindern unbefugten Zugriff und stellen sicher, dass nur vertrauenswürdige Entitäten mit sensiblen Workloads interagieren können. So wird eine starke Sicherheitslage in dynamischen Cloud-nativen Architekturen gewährleistet.

Neue Trends im Privileged Access Management

Privileged Access Management (PAM) entwickelt sich kontinuierlich weiter, um auf die zunehmende Komplexität von Cyber-Bedrohungen, den Wechsel zum Cloud Computing und die Ausweitung digitaler Transformationsinitiativen zu reagieren. Unternehmen modernisieren ihre IT-Infrastrukturen und müssen ihre PAM-Strategien an neue Sicherheitsherausforderungen, regulatorische Anforderungen und betriebliche Komplexitäten anpassen. Neue Trends im PAM konzentrieren sich auf Automatisierung, Zero-Trust-Architektur, künstliche Intelligenz, Cloud-native Sicherheit und Maschinenidentitätsmanagement. Diese Bereiche spielen eine entscheidende Rolle bei der Verbesserung der Sicherheit privilegierter Zugriffe.

Die Einführung von Zero-Trust-Prinzipien verändert die Art und Weise, wie Unternehmen privilegierte Zugriffe verwalten. Herkömmliche Sicherheitsmodelle stützten sich auf Netzwerkperimeter, um sensible Daten zu schützen. Moderne Umgebungen erfordern jedoch einen dynamischeren Ansatz. Zero Trust setzt das Prinzip „Niemals vertrauen, immer überprüfen" durch und erfordert eine kontinuierliche Authentifizierung und Autorisierung für jede privilegierte Zugriffsanfrage. PAM-Lösungen werden in Identitäts- und Zugriffsmanagementsysteme (IAM) integriert, um Zero Trust durch die Validierung von

Benutzeridentitäten, die Überprüfung der Gerätesicherheit und die Anwendung kontextbezogener Zugriffskontrollen durchzusetzen.

Künstliche Intelligenz (KI) und maschinelles Lernen (ML) transformieren PAM, indem sie intelligente Bedrohungserkennung und -reaktion ermöglichen. KI-gestützte Verhaltensanalysen helfen dabei, Anomalien in der Aktivität privilegierter Benutzer zu identifizieren und ungewöhnliche Zugriffsmuster zu erkennen, die auf Insider-Bedrohungen oder kompromittierte Anmeldeinformationen hinweisen können. Anstatt sich ausschließlich auf vordefinierte Regeln zu verlassen, passen sich KI-gesteuerte PAM-Lösungen dynamisch an neue Bedrohungen an und lösen automatisierte Sicherheitsmaßnahmen wie Sitzungsbeendigung, Privilegienentzug oder Echtzeitwarnungen an Sicherheitsteams aus.

Cloud-natives PAM wird zur Notwendigkeit, da Unternehmen Workloads auf Cloud-Plattformen migrieren. Traditionelle PAM-Lösungen wurden für lokale Umgebungen entwickelt, moderne Unternehmen agieren jedoch in Multi-Cloud- und Hybrid-Cloud-Ökosystemen. Cloud-native PAM-Lösungen bieten eine nahtlose Integration mit Cloud-IAM-Frameworks und setzen Least-Privilege-Zugriffsrichtlinien für Cloud-Workloads, virtuelle Maschinen und containerisierte Anwendungen durch. Diese Lösungen bieten Just-in-Time-Zugriffsbereitstellung (JIT), Verwaltung temporärer Anmeldeinformationen und automatisierte Risikobewertung, um privilegierten Zugriff in Cloud-Umgebungen zu sichern.

Die zunehmende Verbreitung von Maschinenidentitäten erfordert verbesserte Anmeldeinformationsverwaltung und Authentifizierungsmechanismen. Da Unternehmen zunehmend auf Automatisierung, DevOps und IoT-Technologien setzen, wächst die Anzahl nicht-menschlicher Identitäten, die privilegierten Zugriff benötigen, exponentiell. PAM-Lösungen entwickeln sich weiter, um Maschinenidentitäten zu verwalten. Sie setzen zertifikatsbasierte Authentifizierung, API-Schlüsselrotation und sichere Speicherung von Anwendungsanmeldeinformationen durch. Die Verwaltung von Maschinenidentitäten reduziert effektiv das Risiko von Anmeldeinformationsüberflutungen und unbefugtem Systemzugriff.

Auch die Sicherheit privilegierter Zugriffe verlagert sich in Richtung kontinuierliches, adaptives Vertrauen. Anstatt statische, langfristige Privilegien zu gewähren, konzentrieren sich moderne PAM-Strategien auf adaptive Zugriffskontrolle, bei der Zugriffsrechte dynamisch anhand von Echtzeit-Risikobewertungen angepasst werden. Faktoren wie Benutzerverhalten, Gerätekonformität, Standort und historische Aktivitäten beeinflussen Entscheidungen zur Erhöhung der Privilegien. Dieser Ansatz minimiert die Angriffsfläche und erhält gleichzeitig die operative Flexibilität für Administratoren und Dienstkonten.

Die Integration von PAM in umfassendere Sicherheitsökosysteme verbessert die Möglichkeiten zur Bedrohungserkennung und -reaktion. PAM-Lösungen lassen sich nun in Plattformen für Security Information and Event Management (SIEM), Security Orchestration, Automation and Response (SOAR) und Endpoint Detection and Response (EDR) integrieren. Dieser vernetzte Sicherheitsansatz ermöglicht es Unternehmen, privilegierte Zugriffsereignisse mit umfassenderen Sicherheitsvorfällen zu korrelieren und so einen tieferen Einblick in potenzielle Bedrohungen zu gewinnen. Automatisierte Workflows ermöglichen eine schnelle Reaktion auf Vorfälle. Sicherheitsteams können Zugriffe entziehen, kompromittierte Konten isolieren und Sicherheitsverletzungen eindämmen, bevor sie eskalieren.

Die Weiterentwicklung von PAM wird weiterhin von regulatorischen Compliance-Anforderungen geprägt. Unternehmen müssen strenge Datenschutzgesetze wie DSGVO, PCI DSS, HIPAA und NIST-Richtlinien einhalten, die strenge Zugriffskontrollen, kontinuierliche Überwachung und Audit-Protokollierung für privilegierte Aktivitäten vorschreiben. Neue PAM-Lösungen umfassen automatisierte Compliance-Berichte, Echtzeit-Audit-Trails und die Durchsetzung von Richtlinien, um Unternehmen dabei zu unterstützen, regulatorische Verpflichtungen ohne Betriebsunterbrechung zu erfüllen.

Da sich die Cybersicherheitslandschaft weiterentwickelt, müssen PAM-Lösungen kontinuierlich angepasst werden, um neuen Bedrohungen und operativen Herausforderungen gerecht zu werden. Die Kombination von Zero Trust, KI-gestützter Bedrohungserkennung, Cloud-nativer Sicherheit und

Maschinenidentitätsmanagement prägt die Zukunft der privilegierten Zugriffssicherheit. Unternehmen, die diese Innovationen nutzen, stärken ihre Sicherheitslage, reduzieren das Risiko der Kompromittierung privilegierter Anmeldeinformationen und verbessern ihre Fähigkeit, privilegierte Zugriffe in komplexen, dynamischen IT-Umgebungen zu verwalten.

Evaluieren und Auswählen von PAM-Lösungen

Die Wahl der richtigen Privileged Access Management (PAM)-Lösung ist eine wichtige Entscheidung für Unternehmen, die privilegierte Anmeldeinformationen schützen, Least-Privilege-Richtlinien durchsetzen und die Einhaltung gesetzlicher Vorschriften gewährleisten möchten. Angesichts der wachsenden Zahl von PAM-Anbietern mit unterschiedlichen Funktionen müssen Unternehmen Lösungen sorgfältig anhand von Sicherheitseffektivität, Skalierbarkeit, Integrationsmöglichkeiten und Betriebseffizienz prüfen. Eine gut gewählte PAM-Lösung erhöht die Sicherheit, minimiert den Verwaltungsaufwand und sorgt für ein nahtloses Benutzererlebnis.

Einer der ersten Faktoren, die bei der Bewertung von PAM-Lösungen berücksichtigt werden sollten, ist die Kernfunktionalität. Eine umfassende PAM-Lösung sollte die Erkennung privilegierter Konten, die Speicherung von Anmeldeinformationen, automatisierte Passwortrotation, Sitzungsüberwachung und Just-in-Time-Zugriffsbereitstellung (JIT) umfassen. Unternehmen sollten prüfen, ob das PAM-Tool alle privilegierten Konten in ihrer gesamten IT-Infrastruktur, einschließlich lokaler Server, Cloud-Umgebungen, Netzwerkgeräten und Drittanbieterintegrationen, effektiv identifizieren und sichern kann.

Sicherheits- und Compliance-Anforderungen spielen bei der PAM-Auswahl eine wichtige Rolle. Unternehmen in regulierten Branchen wie dem Finanz-, Gesundheits- und öffentlichen Sektor müssen sicherstellen, dass die gewählte PAM-Lösung Compliance-Standards wie DSGVO, HIPAA, PCI DSS und NIST erfüllt. Funktionen wie automatisierte Audit-Protokollierung, rollenbasierte Zugriffskontrolle (RBAC), Multi-Faktor-Authentifizierung (MFA) und Echtzeit-Sitzungsüberwachung unterstützen Unternehmen dabei, Compliance nachzuweisen und eine hohe Sicherheitslage zu gewährleisten.

Skalierbarkeit ist ein weiterer wichtiger Aspekt. Mit dem Wachstum von Unternehmen und der Einführung neuer Technologien entwickeln sich auch ihre Anforderungen an privilegierten Zugriff. Eine PAM-Lösung sollte mit den Anforderungen des Unternehmens skalierbar sein und hybride IT-Umgebungen, Multi-Cloud-Bereitstellungen und Remote-Mitarbeiter unterstützen. Cloud-native PAM-Lösungen bieten mehr Flexibilität und Skalierbarkeit und ermöglichen Unternehmen, privilegierten Zugriff in verteilten Umgebungen zu sichern, ohne die Einschränkungen herkömmlicher lokaler Bereitstellungen.

Die Integration in bestehende IT- und Sicherheitssysteme ist entscheidend für die Effektivität einer PAM-Lösung. Unternehmen sollten prüfen, ob sich die Lösung in Identity- und Access-Management-Plattformen (IAM), Security-Information- und Event-Management-Systeme (SIEM), Endpoint-Protection-Lösungen und IT-Service-Management-Tools (ITSM) integrieren lässt. Eine nahtlose Integration verbessert die Transparenz, optimiert Sicherheitsabläufe und ermöglicht automatisierte Reaktionen auf Bedrohungen durch privilegierten Zugriff.

Benutzerfreundlichkeit und Betriebseffizienz sind ebenfalls wichtige Faktoren bei der PAM-Auswahl. Eine gut konzipierte PAM-Lösung sollte Sicherheit und Benutzerfreundlichkeit in Einklang bringen und sicherstellen, dass Administratoren, Entwickler und IT-Teams effizient auf privilegierte Ressourcen zugreifen und gleichzeitig bewährte Sicherheitspraktiken einhalten können. Funktionen wie Single Sign-On (SSO), Self-Service-Abruf von Anmeldeinformationen und adaptive Zugriffskontrollen verbessern die Benutzerfreundlichkeit, ohne die Sicherheit zu beeinträchtigen.

Kostenaspekte spielen bei der PAM-Bewertung eine Rolle. Unternehmen müssen die Gesamtbetriebskosten (TCO) einschließlich Lizenzgebühren, Implementierungskosten, Wartungskosten und

Schulungsaufwand ermitteln. Einige Anbieter bieten abonnementbasierte Preismodelle an, andere bieten On-Premises-Implementierungen mit unbefristeten Lizenzen an. Ein Vergleich der Preisstrukturen und deren Anpassung an die Budgetvorgaben hilft Unternehmen bei der Auswahl der PAM-Lösung mit dem besten Preis-Leistungs-Verhältnis.

Unternehmen sollten Proof-of-Concept-Tests (PoC) durchführen, bevor sie ihre PAM-Auswahl finalisieren. Ein PoC ermöglicht es Sicherheitsteams, die Leistungsfähigkeit der Lösung in einer kontrollierten Umgebung zu evaluieren und wichtige Funktionen wie Anmeldeinformationsverwaltung, Sitzungsüberwachung und Rechteausweitung zu testen. Durch das Einholen von Feedback von IT-Administratoren und Endnutzern können Unternehmen feststellen, ob die Lösung ihren Sicherheitsanforderungen und betrieblichen Erfordernissen entspricht.

Auch der Ruf und die Supportleistungen des Anbieters sollten berücksichtigt werden. Etablierte PAM-Anbieter mit einer überzeugenden Erfolgsbilanz in den Bereichen Innovation, Kundensupport und Sicherheitsexpertise bieten eine höhere Sicherheit für langfristige Zuverlässigkeit. Unternehmen sollten die Support-Angebote der Anbieter, einschließlich Reaktionszeiten, Schulungsressourcen und Service-Level-Agreements (SLAs), prüfen, um sicherzustellen, dass sie während der Bereitstellung und im laufenden Betrieb ausreichend Unterstützung erhalten.

Die Auswahl der richtigen PAM-Lösung erfordert einen strategischen Ansatz, der die Sicherheitsziele des Unternehmens, die Compliance-Anforderungen und die Anforderungen der IT-Infrastruktur berücksichtigt. Durch die Bewertung von Funktionalität, Skalierbarkeit, Integrationsmöglichkeiten, Benutzerfreundlichkeit und Anbieterreputation können Unternehmen eine PAM-Lösung implementieren, die die Sicherheit privilegierter Zugriffe verbessert und gleichzeitig die Geschäftsflexibilität und Betriebseffizienz fördert.

Bereitstellen und Skalieren einer PAM-Lösung

Die Bereitstellung und Skalierung einer Privileged Access Management (PAM)-Lösung ist ein entscheidender Schritt zum Schutz der vertraulichsten Konten, Systeme und Daten eines Unternehmens. Angesichts der sich ständig weiterentwickelnden Cyberbedrohungen hat die ordnungsgemäße Verwaltung, Überwachung und Sicherung privilegierter Zugriffe für Unternehmen jeder Größe höchste Priorität. Eine gut geplante PAM-Bereitstellung ermöglicht es Unternehmen, den Zugriff mit geringstmöglichen Berechtigungen durchzusetzen, robuste Authentifizierungsmechanismen zu implementieren und die Einhaltung von Sicherheitsvorschriften sicherzustellen. Gleichzeitig kann die Lösung an wachsende betriebliche Anforderungen angepasst werden.

Die erste Phase der Implementierung einer PAM-Lösung umfasst eine umfassende Analyse der privilegierten Zugriffslandschaft des Unternehmens. Dazu gehört die Identifizierung aller privilegierten Konten, Dienstkonten, Administratoren und Rechneridentitäten, die Zugriffskontrolle benötigen. Viele Unternehmen unterschätzen die Anzahl der privilegierten Konten in ihrer Umgebung, was zu Sicherheitslücken führt. Ein gründlicher Erkennungsprozess stellt sicher, dass alle risikoreichen Zugriffspunkte während der Implementierung identifiziert und behoben werden.

Sobald die privilegierten Konten zugeordnet sind, müssen Unternehmen Richtlinien und Kontrollen basierend auf bewährten Sicherheitsmethoden definieren. Die Implementierung einer rollenbasierten Zugriffskontrolle (RBAC) und Just-in-Time-Berechtigungseskalation (JIT) trägt zur Durchsetzung des Prinzips der geringsten Privilegien bei und reduziert gleichzeitig die Angriffsfläche. Die Definition von Workflows zur Zugriffsgenehmigung stellt sicher, dass nur autorisierte Benutzer privilegierten Zugriff erhalten. Dies reduziert das Risiko von Insider-Bedrohungen und Anmeldeinformationsmissbrauch.

Die Integration in die bestehende IT-Infrastruktur ist ein wichtiger Aspekt bei der PAM-Implementierung. Unternehmen müssen sicherstellen, dass sich ihre PAM-Lösung nahtlos in Identity- und Access-Management-Plattformen (IAM), Verzeichnisdienste wie Active Directory (AD) und Cloud-Umgebungen integriert. Viele moderne PAM-Lösungen unterstützen hybride Implementierungen und ermöglichen Unternehmen so die Verwaltung privilegierter Zugriffe in lokalen Rechenzentren, Multi-Cloud-Umgebungen und SaaS-Anwendungen. Eine ordnungsgemäße Integration gewährleistet die konsistente Durchsetzung von PAM-Richtlinien in allen Systemen.

Authentifizierungsmechanismen spielen eine entscheidende Rolle bei der Sicherung privilegierter Zugriffe. Multi-Faktor-Authentifizierung (MFA) sollte für alle privilegierten Konten vorgeschrieben sein, um das Risiko von Angriffen auf Basis von Anmeldeinformationen zu reduzieren. Die sichere Speicherung von Anmeldeinformationen in einem zentralen Passwort-Tresor stellt sicher, dass privilegierte Passwörter verschlüsselt, regelmäßig rotiert und niemals an Benutzer weitergegeben werden. Durch den Verzicht auf fest codierte Anmeldeinformationen und die Einführung einer automatisierten Passwortverwaltung können Unternehmen die Sicherheit deutlich erhöhen.

Die Skalierung einer PAM-Lösung erfordert sorgfältige Planung, um dem Unternehmenswachstum, steigenden Arbeitslasten und wachsenden IT-Umgebungen gerecht zu werden. Eine skalierbare PAM-Architektur muss zusätzliche Benutzer, Arbeitslasten und privilegierte Konten unterstützen, ohne die Leistung zu beeinträchtigen. Cloud-native PAM-Lösungen bieten flexible Skalierbarkeit und ermöglichen Unternehmen eine dynamische Anpassung der Ressourcen an den Bedarf. Bei lokalen Implementierungen müssen Unternehmen sicherstellen, dass die PAM-Infrastruktur mit steigenden Authentifizierungsanforderungen und Sitzungsüberwachungen mit steigenden Anforderungen an privilegierten Zugriff Schritt halten kann.

Die Überwachung und Prüfung privilegierter Sitzungen ist unerlässlich, um die Transparenz administrativer Aktivitäten zu gewährleisten. Mit der Skalierung ihrer PAM-Implementierung werden Echtzeit-Sitzungsaufzeichnung, Anomalieerkennung und automatisierte Warnmeldungen zu kritischen Komponenten der Sicherheitsabläufe. SIEM- und SOAR-Integrationen ermöglichen es

Sicherheitsteams, PAM-Ereignisse mit umfassenderen Sicherheitsvorfällen zu korrelieren und so die Bedrohungserkennung und die Reaktion auf Vorfälle zu verbessern.

Die Gewährleistung hoher Verfügbarkeit und Ausfallsicherheit ist ein weiterer wichtiger Aspekt bei der Skalierung einer PAM-Lösung. Redundante Architekturen, Lastausgleich und Failover-Mechanismen gewährleisten den unterbrechungsfreien Zugriff auf PAM-Dienste bei Systemausfällen. Für globale Unternehmen gewährleistet die Bereitstellung von PAM an mehreren geografischen Standorten mit regionalen Rechenzentren die Einhaltung der Vorschriften zur Datenhoheit und gewährleistet gleichzeitig die Leistung für verteilte Teams.

Benutzerschulung und -akzeptanz sind der Schlüssel zur erfolgreichen Implementierung und Skalierung von PAM. Administratoren, IT-Teams und Endbenutzer müssen über PAM-Richtlinien, bewährte Sicherheitsmethoden und Zugriffsanforderungs-Workflows informiert sein. Kontinuierliche Programme zur Sensibilisierung für Sicherheitsaspekte unterstreichen die Bedeutung der Sicherheit privilegierter Zugriffe und verringern das Risiko von Fehlkonfigurationen oder Richtlinienverstößen.

Regelmäßige Audits und kontinuierliche Verbesserungen stellen sicher, dass die PAM-Lösung auch bei der Weiterentwicklung des Unternehmens effektiv bleibt. Regelmäßige Zugriffsüberprüfungen, Berechtigungsprüfungen und Sicherheitsbewertungen helfen, Lücken zu identifizieren und PAM-Richtlinien zu optimieren. Unternehmen sollten ihre PAM-Strategie an neue Bedrohungen, regulatorische Änderungen und sich entwickelnde IT-Landschaften anpassen, um sicherzustellen, dass der privilegierte Zugriff jederzeit sicher bleibt.

Die Implementierung und Skalierung einer PAM-Lösung erfordert einen strategischen Ansatz, der Sicherheit, Benutzerfreundlichkeit und betriebliche Effizienz in Einklang bringt. Durch die Implementierung starker Zugriffskontrollen, die Integration in bestehende IT-Umgebungen, die Durchsetzung von Authentifizierungsmechanismen und die Gewährleistung der Skalierbarkeit können Unternehmen privilegierte Zugriffe effektiv schützen und gleichzeitig Compliance und Geschäftskontinuität gewährleisten. Eine gut umgesetzte PAM-Implementierung stärkt die allgemeine Cybersicherheit und reduziert das Risiko der Ausnutzung privilegierter Konten und unbefugter Zugriffe.

Best Practices für die PAM-Implementierung

Die Implementierung von Privileged Access Management (PAM) ist ein entscheidender Schritt zur Sicherung der IT-Infrastruktur eines Unternehmens, zur Reduzierung von Insider-Bedrohungen und zum Schutz vertraulicher Daten. Eine gut strukturierte PAM-Implementierung trägt dazu bei, den Zugriff mit geringstmöglichen Berechtigungen durchzusetzen, privilegierte Sitzungen zu überwachen und die Einhaltung gesetzlicher Vorschriften zu gewährleisten. Unternehmen, die Best Practices bei der PAM-Implementierung befolgen, können privilegierte Konten effektiv verwalten, Sicherheitsrisiken minimieren und sicherstellen, dass nur autorisierte Benutzer Zugriff auf kritische Systeme haben.

Eine der grundlegenden Best Practices für die PAM-Implementierung ist die umfassende Ermittlung aller privilegierten Konten im gesamten Unternehmen. Viele Unternehmen verfügen über unverwaltete oder verwaiste privilegierte Konten, die unkontrolliert Sicherheitsrisiken bergen. Durch die Identifizierung und Katalogisierung aller Administratorkonten, Dienstkonten, API-Schlüssel und gemeinsam genutzten Anmeldeinformationen wird sichergestellt, dass kein privilegierter Zugriff unbemerkt bleibt. PAM-Lösungen bieten automatisierte Erkennungstools, die Sicherheitsteams dabei unterstützen, privilegierte Konten in lokalen, Cloud- und Hybridumgebungen zu finden und zu sichern.

Die Durchsetzung des Prinzips der geringsten Privilegien (PoLP) ist unerlässlich, um die mit privilegiertem Zugriff verbundenen Risiken zu minimieren. Anstatt umfassende Administratorrechte zu gewähren, sollten Unternehmen den Zugriff basierend auf Rollen und spezifischen Aufgaben einschränken. Rollenbasierte Zugriffskontrolle (RBAC) und attributbasierte Zugriffskontrolle (ABAC) tragen dazu bei, dass Benutzer nur die Berechtigungen erhalten, die sie für ihre Aufgaben benötigen. Die Implementierung von Just-in-Time-Zugriff (JIT) erhöht die Sicherheit zusätzlich, indem temporäre Berechtigungen bei Bedarf gewährt und nach Gebrauch automatisch entzogen werden.

Die Verwaltung von Anmeldeinformationen ist ein zentraler Aspekt der PAM-Implementierung. Fest codierte Passwörter, gemeinsam genutzte Anmeldeinformationen und statische Administratorkonten stellen erhebliche Sicherheitslücken dar. Unternehmen sollten sichere Tresorlösungen verwenden, um privilegierte Anmeldeinformationen zu speichern, eine automatische Passwortrotation zu erzwingen und die manuelle Passworteingabe durch Benutzer zu vermeiden. Die Multi-Faktor-Authentifizierung (MFA) bietet zusätzliche Sicherheit und stellt sicher, dass privilegierte Benutzer ihre Identität bestätigen müssen, bevor sie auf sensible Systeme zugreifen können.

Die Überwachung und Prüfung privilegierter Sitzungen hilft Unternehmen, verdächtige Aktivitäten in Echtzeit zu erkennen und darauf zu reagieren. PAM-Lösungen bieten Sitzungsaufzeichnung, Tastatureingabeprotokollierung und Verhaltensanalysen zur Nachverfolgung privilegierter Zugriffe. Sicherheitsteams können Sitzungsprotokolle überprüfen, um Anomalien zu identifizieren, unbefugte Zugriffsversuche zu untersuchen und die Einhaltung von Sicherheitsrichtlinien sicherzustellen. Die Integration von PAM in SIEM-Systeme (Security Information and Event Management) verbessert die Transparenz durch die Korrelation von privilegierten Zugriffsereignissen mit umfassenderen Sicherheitsvorfällen.

Unternehmen sollten außerdem sichere Zugangsgateways implementieren, um privilegierten Zugriff zu kontrollieren und zu vermitteln. Anstatt direkten Zugriff auf kritische Systeme zu ermöglichen, bieten PAM-Lösungen proxybasierten Zugriff und setzen Authentifizierungs- und Autorisierungsrichtlinien durch, bevor der Zugriff gewährt wird. Dieser Ansatz reduziert das Risiko des Diebstahls von Anmeldeinformationen, verhindert laterale Bewegungen durch Angreifer und stellt sicher, dass alle privilegierten Aktivitäten zu Auditzwecken protokolliert werden.

Regelmäßige Zugriffs- und Berechtigungsprüfungen sind für die Aufrechterhaltung eines sicheren PAM-Programms unerlässlich. Mit der Zeit können Benutzer unnötige Berechtigungen ansammeln, was zu einer schleichenden Ausweitung der Berechtigungen führt. Regelmäßige Zugriffsprüfungen helfen Sicherheitsteams, redundante Konten zu identifizieren, übermäßige Berechtigungen zu entziehen und sicherzustellen, dass alle privilegierten Zugriffe den Geschäftsanforderungen entsprechen. Automatisierte Berichtstools optimieren diesen Prozess und bieten Administratoren Einblicke in die Nutzung privilegierter Konten und den Compliance-Status.

Die Sicherung von Maschinenidentitäten gewinnt bei der PAM-Implementierung zunehmend an Bedeutung. Dienstkonten, Anwendungsanmeldeinformationen und API-Schlüssel benötigen privilegierten Zugriff für die Interaktion mit IT-Systemen, verfügen jedoch oft nicht über die erforderliche Governance. Unternehmen sollten Richtlinien für das Maschinenidentitätsmanagement durchsetzen, zertifikatsbasierte Authentifizierung implementieren und Anmeldeinformationen für automatisierte Prozesse regelmäßig austauschen. Der Schutz von Maschinenidentitäten verhindert unbefugten Systemzugriff und verringert das Risiko einer Beeinträchtigung der Anmeldeinformationen.

Schulungen und Sensibilisierungsprogramme stellen sicher, dass Mitarbeiter die Bedeutung der Sicherheit privilegierter Zugriffe verstehen. Viele Sicherheitsverletzungen entstehen durch menschliches Versagen, beispielsweise durch schwache Passwörter oder versehentlichen Missbrauch von Berechtigungen. Die Schulung von IT-Administratoren, Entwicklern und Endbenutzern über PAM-Richtlinien, bewährte Sicherheitsmethoden und Compliance-Anforderungen stärkt die allgemeine Sicherheitskultur im Unternehmen.

Die Aufrechterhaltung eines PAM-Programms erfordert kontinuierliche Überwachung, Aktualisierungen und Verbesserungen. Cyberbedrohungen und regulatorische Anforderungen entwickeln sich ständig weiter. Daher ist es für Unternehmen unerlässlich, ihre PAM-Strategien regelmäßig zu überprüfen, Sicherheitsrichtlinien zu aktualisieren und neue Technologien einzuführen, um neuen Risiken zu begegnen. Durch die Einhaltung bewährter Methoden bei der PAM-

Implementierung können Unternehmen privilegierten Zugriff sichern, unbefugte Aktivitäten verhindern und ihre wichtigsten Ressourcen schützen.

Pflege und Weiterentwicklung Ihres PAM-Programms

Die Implementierung eines Privileged Access Management (PAM)-Programms ist keine einmalige Maßnahme, sondern ein fortlaufender Prozess, der kontinuierliche Überwachung, Optimierung und Anpassung an sich entwickelnde Sicherheitsbedrohungen und Geschäftsanforderungen erfordert. Wenn Unternehmen ihre IT-Infrastruktur erweitern, neue Technologien einführen und auf neue Cyberrisiken reagieren, müssen sich PAM-Programme weiterentwickeln, um effektiv zu bleiben. Regelmäßige Aktualisierungen der Richtlinien für privilegierten Zugriff, die Integration neuer Sicherheitskontrollen und die Einhaltung von Compliance-Anforderungen gewährleisten die Sicherheit des privilegierten Zugriffs und unterstützen gleichzeitig die betriebliche Effizienz.

Einer der wichtigsten Aspekte bei der Aufrechterhaltung eines PAM-Programms ist die Durchführung kontinuierlicher Zugriffsüberprüfungen. Im Laufe der Zeit können Benutzer, Anwendungen und automatisierte Prozesse unnötige Berechtigungen ansammeln, was zu einer schleichenden Ausweitung der Berechtigungen führt. Regelmäßige Zugriffsüberprüfungen helfen, Konten mit übermäßigen Berechtigungen zu identifizieren und sicherzustellen, dass Berechtigungen entzogen oder entsprechend den Geschäftsanforderungen angepasst werden. Durch die Automatisierung dieses Prozesses mit Zugriffszertifizierungs-Workflows können Sicherheitsteams das Berechtigungsmanagement optimieren, menschliche Fehler reduzieren und die Verantwortlichkeit verbessern.

Privilegierte Anmeldeinformationen müssen dynamisch verwaltet werden, um unbefugten Zugriff zu verhindern und das Risiko von Angriffen auf Anmeldeinformationen zu reduzieren. Die automatische Passwortrotation stellt sicher, dass privilegierte Anmeldeinformationen regelmäßig aktualisiert werden und nie über längere Zeit unverändert bleiben. Die Durchsetzung starker Authentifizierungsmechanismen wie Multi-Faktor-Authentifizierung (MFA) und passwortloser Authentifizierung erhöht die Sicherheit zusätzlich, indem sichergestellt wird, dass nur verifizierte Benutzer auf kritische Systeme zugreifen können. Die Überwachung der Authentifizierungsprotokolle auf Anomalien hilft, kompromittierte Konten zu erkennen, bevor sie ausgenutzt werden können.

Wenn Unternehmen Cloud-Dienste, containerisierte Anwendungen und DevOps-Methoden einführen, müssen PAM-Strategien über traditionelle lokale Umgebungen hinausgehen. Cloud-native PAM-Lösungen bieten Transparenz über privilegierte Zugriffe auf Multi-Cloud-Plattformen und stellen sicher, dass Administratoren, Entwickler und automatisierte Prozesse das Prinzip der geringsten Privilegien befolgen. Die Implementierung von Just-in-Time-Zugriffskontrollen (JIT) in Cloud-Umgebungen verhindert den Missbrauch langjähriger privilegierter Anmeldeinformationen.

Die Überwachung privilegierter Sitzungen und Verhaltensanalysen spielen eine entscheidende Rolle bei der Weiterentwicklung eines PAM-Programms. Durch die kontinuierliche Verfolgung der Aktivitäten privilegierter Benutzer und den Einsatz von Machine-Learning-Modellen zur Erkennung von Abweichungen vom normalen Verhalten können Unternehmen Insider-Bedrohungen und potenzielle Sicherheitsverletzungen proaktiv identifizieren. Die Integration von PAM in SIEM-Plattformen (Security Information and Event Management) und SOAR-Tools (Security Orchestration, Automation and Response) ermöglicht automatisierte Reaktionen auf verdächtige Aktivitäten, wie z. B. den Entzug des Zugriffs oder die Isolierung kompromittierter Konten.

Die Anforderungen an die Einhaltung gesetzlicher Vorschriften ändern sich häufig, was Anpassungen der PAM-Richtlinien erforderlich macht. Unternehmen müssen sich über Sicherheitsvorschriften wie DSGVO, HIPAA, PCI DSS und NIST-Richtlinien auf dem Laufenden halten, um die kontinuierliche Einhaltung sicherzustellen. Regelmäßige interne Audits, Richtlinienüberprüfungen und Sicherheitsbewertungen helfen, Lücken in der PAM-Implementierung zu identifizieren und bieten Möglichkeiten zur Verbesserung der Sicherheitskontrollen. Durch die Erstellung detaillierter Berichte über privilegierte Zugriffsaktivitäten können Unternehmen die Einhaltung gegenüber Prüfern und Aufsichtsbehörden nachweisen.

Die Schulung und Sensibilisierung der Benutzer ist weiterhin unerlässlich für ein leistungsstarkes PAM-Programm. IT-Administratoren, Entwickler und Sicherheitsteams müssen regelmäßig zu privilegierten Zugriffsrichtlinien, Best Practices und potenziellen Bedrohungen geschult werden. Laufende Sicherheitsbewusstseinsprogramme stellen sicher, dass Benutzer die Bedeutung der Einhaltung der PAM-Richtlinien verstehen und reduzieren das Risiko von Fehlkonfigurationen oder Richtlinienverstößen.

Angesichts neuer Angriffstechniken müssen PAM-Programme erweiterte Sicherheitsmaßnahmen wie Zero-Trust-Prinzipien, biometrische Authentifizierung und KI-gestützte Bedrohungserkennung integrieren. Unternehmen sollten ihre PAM-Lösungen kontinuierlich evaluieren, neue Sicherheitstechnologien prüfen und ihre Strategien zur Abwehr neuer Bedrohungen verfeinern. Ein gut gepflegtes und anpassungsfähiges PAM-Programm stärkt die Cybersicherheit eines Unternehmens, reduziert das Risiko des Missbrauchs privilegierter Zugriffe und gewährleistet den Schutz kritischer Ressourcen.

Schulung und Sensibilisierung der PAM-Stakeholder

Effektives Privileged Access Management (PAM) erfordert mehr als nur Technologie; es erfordert gut informierte Mitarbeiter, die die Bedeutung der Sicherung privilegierter Konten verstehen. Schulungs- und Sensibilisierungsprogramme stellen sicher, dass alle Beteiligten – vom IT-Administrator bis zur Geschäftsführung – ihre Rolle beim Schutz privilegierter Zugriffe verstehen. Ohne entsprechende Schulung können selbst die fortschrittlichsten PAM-Lösungen aufgrund von Fehlkonfigurationen, unsachgemäßer Nutzung oder mangelnder Durchsetzung versagen. Durch die Implementierung eines strukturierten Schulungsprogramms können Unternehmen Sicherheitsrisiken deutlich reduzieren und die Einhaltung gesetzlicher Vorschriften verbessern.

Einer der wichtigsten Aspekte der PAM-Schulung besteht darin, sicherzustellen, dass IT-Administratoren und Sicherheitspersonal umfassend für die sichere Verwaltung privilegierter Konten gerüstet sind. Diese Personen sind für die Konfiguration, Wartung und Überwachung von PAM-Lösungen verantwortlich. Daher ist es unerlässlich, dass sie Best Practices für Least Privilege Access, Credential Vaulting, Sitzungsüberwachung und Zugriffsüberprüfungsprozesse kennen. Sie sollten praxisnah geschult werden, um PAM-Tools effektiv zu nutzen, Zugriffsprotokolle zu interpretieren und auf Sicherheitsvorfälle im Zusammenhang mit privilegierten Konten zu reagieren.

Ebenso wichtig ist die Schulung von Endbenutzern, insbesondere von Mitarbeitern mit Zugriff auf sensible Systeme. Auch wenn sie nicht direkt für die PAM-Konfiguration verantwortlich sind, müssen sie verstehen, wie sich privilegierte Zugriffsrichtlinien auf ihre täglichen Abläufe auswirken. Benutzer sollten über sichere Authentifizierungsverfahren, die Gefahren der Weitergabe von Anmeldeinformationen und die Bedeutung der Multi-Faktor-Authentifizierung (MFA) aufgeklärt werden. Sensibilisierungskampagnen können dazu beitragen, Sicherheitsrichtlinien zu stärken und sicherzustellen, dass privilegierte

Konten nicht missbraucht oder versehentlich Risiken ausgesetzt werden.

Schulungsprogramme müssen sich auch an die Führungskräfte richten, da die Geschäftsleitung eine Schlüsselrolle bei der Umsetzung von PAM-Initiativen und der Sicherstellung der Compliance spielt. Führungskräfte sollten sich der finanziellen, operativen und Reputationsrisiken bewusst sein, die mit Verstößen gegen privilegierte Konten verbunden sind. Ihre Schulungen sollten sich auf die strategische Bedeutung von PAM, regulatorische Verpflichtungen und die Auswirkungen von Sicherheitsvorfällen auf die Geschäftskontinuität konzentrieren. Durch die Einbindung der Führungskräfte können Unternehmen sicherstellen, dass PAM-Initiativen die notwendigen Ressourcen erhalten und priorisiert werden.

Drittanbieter und Auftragnehmer, die privilegierten Zugriff auf Unternehmenssysteme benötigen, müssen ebenfalls in PAM-Schulungen einbezogen werden. Externe Benutzer stellen oft ein erhebliches Sicherheitsrisiko dar, da sie die internen Sicherheitsrichtlinien eines Unternehmens möglicherweise nicht vollständig kennen. Bevor Unternehmen privilegierten Zugriff gewähren, sollten sie von ihren Lieferanten verlangen, Sicherheitsschulungen zu absolvieren, die PAM-Richtlinien einzuhalten und strenge Workflows für die Zugriffsgenehmigung zu befolgen. Die Implementierung von Least-Privilege-Zugriff und Sitzungsüberwachung reduziert die mit dem Zugriff durch Dritte verbundenen Risiken zusätzlich.

Interaktive Schulungsmethoden wie Simulationen, Phishing-Sensibilisierungskampagnen und praxisorientierte Workshops sind äußerst effektiv, um PAM-Konzepte zu vertiefen. Unternehmen sollten regelmäßig Sicherheitsübungen durchführen, um die Reaktionen der Mitarbeiter auf simulierte Bedrohungen für privilegierten Zugriff, wie z. B. die Kompromittierung von Anmeldeinformationen oder unbefugte Versuche zur Rechteerweiterung, zu testen. Diese Übungen helfen den Beteiligten, potenzielle Sicherheitsrisiken zu erkennen und in realen Szenarien angemessen zu reagieren.

Kontinuierliches Lernen und Auffrischungsschulungen sollten fester Bestandteil des PAM-Programms sein. Cyberbedrohungen entwickeln sich ständig weiter, sodass Unternehmen ihre Sicherheitsrichtlinien aktualisieren und ihre Mitarbeiter entsprechend schulen müssen. Regelmäßige Bewertungen, Wissensüberprüfungen und Sensibilisierungskampagnen stellen sicher, dass die Beteiligten über die neuesten PAM-Best Practices, Compliance-Anforderungen und neuen Angriffstechniken auf privilegierte Konten informiert bleiben.

Durch die Förderung einer starken Sicherheitskultur und die Betonung der Bedeutung von Privileged Access Management können Unternehmen ihre Cybersicherheit deutlich verbessern. Schulungs- und Sensibilisierungsprogramme befähigen Stakeholder, fundierte Entscheidungen zu treffen, das Risiko menschlicher Fehler zu reduzieren und sicherzustellen, dass PAM-Richtlinien unternehmensweit effektiv umgesetzt werden.

Erweiterte Analytik und maschinelles Lernen in PAM

Erweiterte Analytik und maschinelles Lernen in PAM

Privileged Access Management (PAM) spielt eine entscheidende Rolle bei der Sicherung kritischer Systeme, indem es strenge Kontrollen über privilegierte Konten durchsetzt. Angesichts zunehmend komplexer Cyberbedrohungen müssen Unternehmen fortschrittliche Analyseverfahren und maschinelles Lernen (ML) einsetzen, um ihre PAM-Fähigkeiten zu verbessern. Herkömmliche regelbasierte Sicherheitsmodelle reichen nicht mehr aus, um komplexe Angriffe zu erkennen. Daher sind KI-gesteuerte Lösungen für Echtzeit-Bedrohungserkennung, Risikobewertung und adaptive Zugriffskontrollen unerlässlich.

Maschinelles Lernen verbessert PAM, indem es Verhaltensanomalien bei privilegierten Benutzeraktivitäten identifiziert. Anstatt sich ausschließlich auf vordefinierte Regeln zu verlassen, analysieren ML-Modelle historische Zugriffsmuster, um eine Basis für normales

Verhalten zu ermitteln. Weicht ein privilegierter Benutzer von den erwarteten Aktionen ab – beispielsweise indem er sich von einem ungewöhnlichen Ort aus anmeldet, auf unbekannte Systeme zugreift oder zu ungewöhnlichen Zeiten Privilegienerweiterungen durchführt –, kann das System die Aktivität als verdächtig kennzeichnen. Im Gegensatz zu statischen Richtlinien passt sich ML kontinuierlich an verändertes Verhalten an, verbessert die Genauigkeit der Bedrohungserkennung und reduziert gleichzeitig Fehlalarme.

Predictive Analytics im PAM hilft Unternehmen, Risiken proaktiv zu minimieren, bevor Sicherheitsvorfälle auftreten. Durch die Analyse früherer Zugriffsverhalten, Anmeldeversuche und Trends bei der Nutzung von Berechtigungen können ML-Algorithmen potenzielle Sicherheitsbedrohungen vorhersagen. Wenn beispielsweise ein Administrator häufig auf eine Reihe von Systemen zugreift, aber plötzlich Zugriff auf einen Hochrisikoserver anfordert, den er noch nie zuvor verwendet hat, kann Predictive Analytics das Risiko bewerten und zusätzliche Überprüfungsmaßnahmen wie Multi-Faktor-Authentifizierung (MFA) oder manuelle Genehmigungsworkflows erzwingen.

Die automatisierte Anomalieerkennung optimiert Sicherheitsabläufe und entlastet IT- und Sicherheitsteams. Herkömmliche Protokollanalysen erfordern die manuelle Korrelation großer Mengen privilegierter Zugriffsdaten, was die Echtzeiterkennung subtiler Bedrohungen erschwert. ML-basierte PAM-Lösungen durchsuchen privilegierte Zugriffsprotokolle automatisch, identifizieren ungewöhnliche Muster und leiten kritische Bedrohungen an Sicherheitsanalysten weiter. Diese Automatisierung verbessert die Reaktionszeiten und ermöglicht eine schnellere Eindämmung potenzieller Sicherheitsverletzungen.

Die adaptive Zugriffskontrolle ist ein weiterer wichtiger Vorteil der ML-Integration in PAM. Anstatt statische Berechtigungen zu vergeben, bewerten ML-gesteuerte Systeme Risiken in Echtzeit und passen Zugriffsberechtigungen dynamisch an. Zeigt ein privilegierter Benutzer ungewöhnliches Verhalten, kann das System Just-in-Time-Zugriff (JIT) erzwingen, die Sitzungsdauer begrenzen oder Berechtigungen bis zur erneuten Überprüfung entziehen. Diese

Echtzeit-Entscheidung erhöht die Sicherheit, ohne den Geschäftsbetrieb zu stören.

Maschinelles Lernen verbessert zudem die Genauigkeit der Überwachung privilegierter Sitzungen. PAM-Lösungen mit integrierter ML-basierter Sitzungsanalyse können Befehlszeileneingaben, Tastatureingaben und Verhaltensmuster während privilegierter Sitzungen analysieren. Führt ein Benutzer plötzlich Befehle aus, die nicht mit seinem normalen Arbeitsablauf zusammenhängen, kann das System Warnungen generieren, die Sitzungsaufzeichnung starten oder die Sitzung automatisch beenden. Diese detaillierte Überwachung hilft, Insider-Bedrohungen und unbefugte Aktivitäten zu verhindern.

Die Integration von KI und ML mit PAM geht über den Benutzerzugriff hinaus und umfasst auch Maschinenidentitäten und automatisierte Prozesse. Viele Unternehmen nutzen Servicekonten, APIs und RPA-Bots (Robotic Process Automation), die privilegierten Zugriff erfordern. ML-basierte PAM-Lösungen helfen dabei, das Verhalten von Maschinenidentitäten zu überwachen, den Missbrauch von Anmeldeinformationen zu erkennen und Least-Privilege-Zugriffsrichtlinien dynamisch durchzusetzen. Angesichts der zunehmenden Anzahl von Maschinenidentitäten bieten KI-gestützte Analysen die nötige Skalierbarkeit, um diese nicht-menschlichen Konten effektiv zu schützen.

Auch Compliance und Auditing werden durch ML-basierte PAM-Lösungen verbessert. Regulatorische Rahmenbedingungen wie DSGVO, HIPAA und PCI DSS verlangen von Unternehmen die Führung detaillierter Protokolle über privilegierte Zugriffsaktivitäten. ML automatisiert das Compliance-Reporting, indem es Risikobewertungen in Echtzeit erstellt, Richtlinienverstöße identifiziert und Audit-Ergebnisse priorisiert. Dies reduziert den manuellen Aufwand für das Compliance-Management und stellt gleichzeitig sicher, dass die Sicherheitsrichtlinien den gesetzlichen Standards entsprechen.

Unternehmen, die ML-basierte PAM-Lösungen einsetzen, müssen sich auch Herausforderungen wie Modellgenauigkeit, Datenschutz und die Integration in bestehende Sicherheitsrahmen stellen. Das Training von

ML-Modellen erfordert hochwertige Zugriffsdaten, um zuverlässige Vorhersagen zu gewährleisten. Darüber hinaus sollten KI-basierte Sicherheitsentscheidungen nachvollziehbar und transparent sein, um unbeabsichtigte Zugriffsverweigerungen oder Privilegienerweiterungen zu vermeiden.

Die Zukunft von PAM liegt in der Nutzung von KI und ML zur Bereitstellung intelligenter, adaptiver Sicherheitskontrollen. Angesichts der sich ständig weiterentwickelnden Cyberbedrohungen müssen Unternehmen erweiterte Analysen in ihre Strategien für privilegierten Zugriff integrieren. Durch den Einsatz von maschinellem Lernen zur Erkennung von Anomalien, zur Vorhersage von Risiken und zur Durchsetzung von Echtzeit-Zugriffsrichtlinien können Unternehmen ihre Abwehrmaßnahmen gegen Insider-Bedrohungen, anmeldeinformationsbasierte Angriffe und unbefugte Rechteausweitungen stärken.

Bedrohungsinformationen und privilegierter Zugriff

Threat Intelligence spielt eine entscheidende Rolle bei der Sicherung privilegierter Zugriffe, indem sie Unternehmen Einblicke in neue Cyberbedrohungen, Angriffstechniken und potenzielle Schwachstellen bietet. Privilegierte Konten gehören zu den am häufigsten angegriffenen Vermögenswerten in Unternehmen, da sie umfassenden Zugriff auf kritische Systeme und sensible Daten gewähren. Cyberkriminelle, Insider und staatliche Akteure suchen ständig nach Möglichkeiten, privilegierte Zugangsdaten zu kompromittieren, um ihre Berechtigungen zu erweitern, sich lateral in Netzwerken zu bewegen und wertvolle Informationen zu exfiltrieren. Durch die Integration von Threat Intelligence in Privileged Access Management (PAM) können Unternehmen Sicherheitsbedrohungen proaktiv erkennen, eindämmen und darauf reagieren, bevor sie zu schwerwiegenden Sicherheitsverletzungen führen.

Das Verständnis der Bedrohungslandschaft ist der erste Schritt zur Verbesserung der Sicherheit privilegierter Zugriffe. Threat Intelligence liefert Echtzeitdaten zu Angriffsmustern, Malware-Kampagnen und bekannten Schwachstellen, die privilegierte Konten betreffen. Indikatoren für Kompromittierung (IoCs) wie verdächtige Anmeldeversuche, Privilegienerweiterungen und ungewöhnliche Zugriffsanfragen helfen Sicherheitsteams, potenzielle Bedrohungen zu erkennen, bevor diese eskalieren. Die Integration von PAM in Threat Intelligence-Feeds ermöglicht die automatisierte Korrelation zwischen privilegierten Zugriffsereignissen und bekannten Cyberbedrohungen. So können Unternehmen unbefugte Zugriffsversuche blockieren und Privilegienmissbrauch verhindern.

Der Diebstahl von Anmeldeinformationen ist eine der häufigsten Taktiken, mit denen Angreifer unbefugten privilegierten Zugriff erlangen. Advanced Persistent Threats (APTs), Ransomware-Gruppen und Insider-Bedrohungen nutzen oft gestohlene Anmeldeinformationen, um herkömmliche Sicherheitskontrollen zu umgehen. Threat Intelligence kann Unternehmen helfen, kompromittierte Anmeldeinformationen zu identifizieren, indem sie Darknet-Foren, Untergrund-Marktplätze und geleakte Datenbanken überwachen. Mithilfe dieser Informationen können PAM-Lösungen eine sofortige Rotation der Anmeldeinformationen erzwingen, kompromittierte Konten sperren und Angreifer daran hindern, gestohlene Zugriffsrechte auszunutzen.

Verhaltensanalysen und maschinelles Lernen verbessern die Bedrohungserkennung, indem sie Abweichungen vom normalen Verhalten privilegierter Benutzer identifizieren. Anstatt sich ausschließlich auf statische Regeln zu verlassen, nutzen moderne PAM-Lösungen KI-gesteuerte Anomalieerkennung, um verdächtige privilegierte Aktivitäten zu kennzeichnen. Wenn sich beispielsweise ein Administrator von einem ungewöhnlichen Ort aus anmeldet, zu einem unregelmäßigen Zeitpunkt auf ein sensibles System zugreift oder Massendatenübertragungen initiiert, kann PAM automatisierte Sicherheitsmaßnahmen auslösen, z. B. die Anforderung einer Multi-Faktor-Authentifizierung (MFA), die Einschränkung von Sitzungsberechtigungen oder die Benachrichtigung von Sicherheitsteams zur weiteren Untersuchung.

Bedrohungsinformationen spielen auch eine entscheidende Rolle bei der Abwehr von Zero-Day-Angriffen und neuen Bedrohungen, die auf privilegierten Zugriff abzielen. Herkömmliche Sicherheitsmaßnahmen erkennen neuartige Angriffstechniken oft nicht, da sie auf bekannten Signaturen und vordefinierten Regeln basieren. Durch die Einbeziehung von Bedrohungsinformationen aus Branchenquellen, von Behörden und Forschungsgruppen zur Cybersicherheit können sich PAM-Lösungen an neue Angriffsvektoren anpassen, proaktive Kontrollen implementieren und Sicherheitsrichtlinien stärken, um potenzielle Risiken zu minimieren.

Die Überwachung privilegierter Sitzungen ist ein weiterer wichtiger Bestandteil der Integration von Threat Intelligence in PAM. Unternehmen können Echtzeit-Überwachungstools nutzen, um verdächtige Befehlsausführungen, unbefugte Privilegienerweiterungen und ungewöhnliche Netzwerkaktivitäten im Zusammenhang mit privilegierten Konten zu erkennen. Die Korrelation dieser Daten mit externen Threat-Intelligence-Quellen hilft Sicherheitsteams festzustellen, ob eine laufende privilegierte Sitzung Teil einer größeren Angriffskampagne ist. Automatisierte Reaktionsmechanismen, wie das Beenden verdächtiger Sitzungen oder die Isolierung betroffener Endpunkte, verhindern, dass Angreifer privilegierten Zugriff ausnutzen.

Auf Bedrohungsdaten basierende Zugriffskontrollen unterstützen Unternehmen bei der Durchsetzung dynamischer Sicherheitsrichtlinien auf Basis von Echtzeit-Risikobewertungen. Anstatt statische Berechtigungsregeln anzuwenden, passen adaptive Zugriffskontrollen die Berechtigungen anhand kontextbezogener Bedrohungsdaten an. Wenn beispielsweise in einer bestimmten geografischen Region eine Zunahme von Cyberangriffen auftritt, kann PAM den privilegierten Zugriff von diesem Standort aus automatisch einschränken oder zusätzliche Authentifizierungsschritte verlangen. Durch die Nutzung von Echtzeit-Bedrohungsdaten können Unternehmen die Angriffsfläche minimieren und gleichzeitig ihre betriebliche Flexibilität wahren.

Die Integration von PAM mit Threat Intelligence ist für Incident Response und forensische Untersuchungen von entscheidender Bedeutung. Bei einer Sicherheitsverletzung liefert Threat Intelligence wertvolle Einblicke in die Taktiken, Techniken und Verfahren (TTPs) der Angreifer. Durch die Analyse von privilegierten Zugriffsprotokollen und deren Korrelation mit externen Bedrohungsdaten können Sicherheitsteams die Ursache eines Vorfalls identifizieren, das Ausmaß der Gefährdung einschätzen und Korrekturmaßnahmen ergreifen, um zukünftige Angriffe zu verhindern. Der automatisierte Austausch von Threat Intelligence zwischen PAM, Security Information and Event Management (SIEM) und Security Orchestration, Automation and Response (SOAR)-Plattformen verbessert die Effizienz der Incident Response.

Kontinuierliche Updates der Bedrohungsinformationen stellen sicher, dass PAM-Strategien auch gegen sich entwickelnde Cyberbedrohungen wirksam bleiben. Angreifer entwickeln ihre Methoden zur Umgehung von Sicherheitskontrollen ständig weiter. Daher ist es für Unternehmen unerlässlich, neuen Risiken immer einen Schritt voraus zu sein. Regelmäßige Aktualisierungen der PAM-Konfigurationen, die Verfeinerung von Zugriffsrichtlinien und die Einbeziehung neuer Bedrohungsinformationen helfen Unternehmen, ihre Sicherheit im privilegierten Zugriff zu stärken.

Threat Intelligence ist ein leistungsstarkes Tool zur Verbesserung der Sicherheit privilegierter Zugriffe. Es liefert Echtzeit-Einblicke in Cyberbedrohungen, identifiziert kompromittierte Anmeldeinformationen, erkennt anomales Verhalten und ermöglicht adaptive Zugriffskontrollen. Durch die Integration von PAM mit Threat Intelligence Feeds, Verhaltensanalysen und automatisierten Reaktionsmechanismen können sich Unternehmen proaktiv gegen privilegierte Angriffe verteidigen, Sicherheitsrisiken reduzieren und ihre allgemeine Cybersicherheit verbessern.

Fallstudien zu Erfolgen und Misserfolgen von PAM

Privileged Access Management (PAM) ist ein wichtiges Sicherheitsframework, das Unternehmen vor unbefugtem Zugriff, Insider-Bedrohungen und auf Anmeldeinformationen basierenden Cyberangriffen schützt. Während viele Unternehmen PAM-Lösungen erfolgreich implementieren, um ihre Sicherheit zu stärken, stehen andere vor Herausforderungen, die zu Sicherheitslücken führen. Die Untersuchung realer Fallstudien sowohl erfolgreicher PAM-Implementierungen als auch bemerkenswerter Misserfolge liefert wertvolle Einblicke in Best Practices und potenzielle Fallstricke.

Ein Beispiel für eine erfolgreiche PAM-Implementierung stammt von einem globalen Finanzinstitut, das mit übermäßig vielen privilegierten Konten und mangelhafter Anmeldeinformationsverwaltung zu kämpfen hatte. Das Unternehmen verfügte über Tausende von Administratorkonten mit statischen Passwörtern, was das Risiko des Anmeldeinformationsdiebstahls erhöhte. Nach einem fehlgeschlagenen Sicherheitsaudit implementierte das Unternehmen eine PAM-Lösung mit automatisierter Anmeldeinformationsrotation, Multi-Faktor-Authentifizierung (MFA) und Echtzeit-Sitzungsüberwachung. Durch die Integration von PAM in sein SIEM-System (Security Information and Event Management) erhielt das Unternehmen mehr Transparenz über privilegierte Aktivitäten. Dadurch reduzierte es das Risiko von Insider-Bedrohungen, verbesserte die Einhaltung gesetzlicher Vorschriften und bestand das nächste Audit mit minimalen Sicherheitsbefunden.

Eine weitere Erfolgsgeschichte betrifft einen Gesundheitsdienstleister, der den Zugriff auf Patientenakten und kritische medizinische Systeme sichern musste. Das Unternehmen stand vor der Herausforderung, dass Drittanbieter privilegierten Zugriff für die Systemwartung benötigten. Ohne ein strukturiertes PAM-Framework hatten die Konten der Anbieter einen langfristigen Zugriff ohne Ablaufdatum, was ein hohes Sicherheitsrisiko darstellte. Um diesem Problem zu begegnen, implementierte der Gesundheitsdienstleister Just-in-Time-Zugriff (JIT) für Anbieter. Dadurch wurde sichergestellt, dass privilegierte Anmeldeinformationen nur bei Bedarf ausgestellt und nach Gebrauch sofort wieder entzogen wurden. Zusätzlich ermöglichte die Aufzeichnung privilegierter Sitzungen dem Sicherheitsteam, die Aktivitäten der Anbieter zu überwachen und unbefugte Aktionen zu erkennen. Dieser Ansatz trug dazu bei, unbefugten Datenzugriff zu verhindern und die Einhaltung der HIPAA-Vorschriften sicherzustellen.

Trotz dieser Erfolgsgeschichten gelingt es vielen Unternehmen nicht, PAM effektiv zu implementieren, was zu schwerwiegenden Sicherheitsverletzungen führt. Ein Beispiel hierfür ist ein großes Einzelhandelsunternehmen, das aufgrund unzureichender Zugriffskontrollen einen schwerwiegenden Datendiebstahl erlitt. Auslöser war ein kompromittiertes Drittanbieterkonto mit übermäßigen Berechtigungen. Angreifer nutzten gestohlene Anmeldeinformationen, um auf wichtige Datenbanken mit Kundenzahlungsinformationen zuzugreifen. Das Unternehmen verfügte über keine Sitzungsüberwachung und erkannte den unbefugten Zugriff erst, nachdem bereits Millionen von Datensätzen exfiltriert waren. Eine Untersuchung ergab, dass das Unternehmen keine ordnungsgemäßen Zugriffsprüfungsprozesse implementiert hatte, sodass Lieferantenkonten unbegrenzt hohe Berechtigungen behielten. Der Verstoß führte zu Bußgeldern, Reputationsschäden und erheblichen finanziellen Verlusten.

Ein ähnlicher Fehler wurde bei einem Technologieunternehmen beobachtet, das die Passwortrotation für privilegierte Konten nicht durchsetzte. Das Unternehmen nutzte statische Administratorkennwörter, die von mehreren IT-Mitarbeitern gemeinsam genutzt wurden. Als ein ehemaliger Mitarbeiter das Unternehmen verließ, behielt er diese Zugangsdaten und nutzte sie später für den Zugriff auf interne Systeme. Aufgrund fehlender PAM-Kontrollen gab es weder Sitzungsaufzeichnungen noch Zugriffsprotokolle, um die unbefugte Aktivität nachzuverfolgen. Als der Verstoß entdeckt wurde, hatte der Angreifer bereits vertrauliche Daten gelöscht und wichtige Geschäftsabläufe gestört. Dieser Vorfall verdeutlichte die Bedeutung der Durchsetzung automatisierter Passwortrotation, rollenbasierter Zugriffskontrolle (RBAC) und kontinuierlicher Überwachung privilegierter Aktivitäten.

Eine weitere Fallstudie verdeutlicht die Risiken von Cloud-Umgebungen, wenn PAM nicht ausreichend auf Cloud-Workloads ausgeweitet wird. Ein Softwareunternehmen, das seine Infrastruktur schnell in die Cloud migrierte, übersah die Bedeutung der Sicherung cloudbasierter privilegierter Konten. Viele Cloud-Administratorkonten wurden mit vollem Zugriff auf Produktionsumgebungen erstellt, jedoch ohne Multi-Faktor-Authentifizierung (MFA) oder zentrale Zugriffskontrolle. Angreifer nutzten einen falsch konfigurierten Cloud-Speicher mit sensiblen Anmeldeinformationen aus, um ihre Berechtigungen zu erweitern und die Kontrolle über die Cloud-Ressourcen des Unternehmens zu erlangen. Der Angriff führte zu Datenlecks und Serviceausfällen und zwang das Unternehmen, seine PAM-Strategie zu überdenken und strengere Cloud-Zugriffskontrollen zu implementieren.

Unternehmen, die PAM erfolgreich implementieren, konzentrieren sich auf kontinuierliche Verbesserung, regelmäßige Audits und die Integration in umfassendere Cybersicherheitsrahmen. Fallstudien zeigen, dass effektive PAM-Lösungen eine Kombination aus minimaler Berechtigungserzwingung, Echtzeitüberwachung, starken Authentifizierungsmechanismen und automatisierter Anmeldeinformationsverwaltung erfordern. Fehler hingegen sind häufig auf übermäßige Berechtigungen, schwache Passwortrichtlinien, mangelnde Überwachung und unzureichende Durchsetzung von Zugriffskontrollen zurückzuführen.

Durch das Lernen aus erfolgreichen und fehlgeschlagenen PAM-Implementierungen können Unternehmen ihre Strategien für privilegierten Zugriff optimieren und ihre allgemeine Sicherheitslage stärken. Die Implementierung von Best Practices, die Behebung von Schwachstellen und die regelmäßige Überprüfung von Richtlinien für privilegierten Zugriff können dazu beitragen, kostspielige Sicherheitsverletzungen zu verhindern und sicherzustellen, dass kritische Systeme vor unbefugtem Zugriff geschützt bleiben.

Aufbau eines PAM-Kompetenzzentrums

Die Einrichtung eines Privileged Access Management (PAM) Center of Excellence (CoE) ist ein strategischer Ansatz zur Gewährleistung langfristiger Sicherheit, Governance und betrieblicher Effizienz bei der Verwaltung privilegierter Konten. Ein PAM CoE dient als zentraler Rahmen, der Best Practices, kontinuierliche Verbesserung und Innovation im Bereich der privilegierten Zugriffssicherheit im gesamten Unternehmen fördert. Durch die Bündelung von Fachwissen, standardisierten Prozessen und Technologie steigert ein CoE die Effektivität von PAM-Programmen und stellt sicher, dass privilegierter Zugriff sicher bleibt und den sich entwickelnden Vorschriften entspricht.

Einer der grundlegenden Schritte beim Aufbau eines PAM-Kompetenzzentrums ist die Definition seines Umfangs und seiner Ziele. Das CoE sollte sich an den übergeordneten Sicherheitszielen des Unternehmens orientieren und sicherstellen, dass die Richtlinien für privilegierten Zugriff die Risikominimierung, die operative Belastbarkeit und die Einhaltung gesetzlicher Vorschriften unterstützen. Die Festlegung eines klaren Leitbilds hilft, den Zweck des CoE zu formulieren, sei es die Minimierung von Insider-Bedrohungen, die Durchsetzung des Prinzips der geringsten Privilegien oder die Integration von PAM in Identity- und Access-Management-Frameworks (IAM). Durch die Festlegung messbarer Ziele können Unternehmen die Effektivität ihrer PAM-Initiativen verfolgen und Strategien bei Bedarf anpassen.

Eine dedizierte Governance-Struktur ist entscheidend für ein erfolgreiches PAM CoE. Die Zuweisung von Schlüsselrollen und Verantwortlichkeiten gewährleistet Verantwortlichkeit und effektive Entscheidungsfindung. Sicherheitsverantwortliche, IT-Administratoren, Compliance-Beauftragte und Risikomanagement-Experten sollten zusammenarbeiten, um Richtlinien zu definieren, Bedrohungen zu bewerten und kontinuierliche Verbesserungen voranzutreiben. Die Einsetzung eines Executive Sponsors sichert die Unterstützung der Führungsebene und stellt sicher, dass das CoE die notwendigen Mittel, Ressourcen und organisatorische Unterstützung erhält, um effektiv zu arbeiten.

Die unternehmensweite Standardisierung von PAM-Prozessen und -Richtlinien trägt zu einer einheitlichen Verwaltung privilegierter Zugriffe bei. Das Kompetenzzentrum sollte unternehmensweite Richtlinien für die Erkennung privilegierter Konten, die Verwaltung von Anmeldeinformationen, Workflows für Zugriffsgenehmigungen und die Sitzungsüberwachung entwickeln. Die Dokumentation dieser Prozesse in einem zentralen Repository stellt sicher, dass alle Teams einheitliche Sicherheitspraktiken befolgen, wodurch Fehlkonfigurationen und Compliance-Risiken reduziert werden. Regelmäßige Richtlinienüberprüfungen helfen dabei, PAM-Kontrollen an neue Sicherheitsbedrohungen und sich entwickelnde Geschäftsanforderungen anzupassen.

Technologie spielt eine entscheidende Rolle bei der Einrichtung eines PAM-Kompetenzzentrums. Die Implementierung einer integrierten PAM-Plattform mit automatisierter Credential Vaulting, Überwachung privilegierter Sitzungen und Echtzeitanalyse erhöht die Sicherheit und optimiert gleichzeitig die Abläufe. Das Kompetenzzentrum sollte PAM-Technologien bewerten und empfehlen, die zur Sicherheitsarchitektur des Unternehmens passen und eine nahtlose Integration mit SIEM-, IAM- und Endpunktschutzsystemen gewährleisten. Die kontinuierliche Optimierung von PAM-Tools durch Automatisierung und maschinelles Lernen verbessert die Bedrohungserkennung und -reaktion.

Schulungs- und Sensibilisierungsprogramme sind unerlässlich, um eine Sicherheitskultur im Unternehmen zu fördern. Das Kompetenzzentrum sollte strukturierte Schulungsprogramme entwickeln, um IT-Teams, Entwickler und Geschäftsanwender über PAM-Best Practices, Strategien zur Bedrohungsabwehr und Compliance-Anforderungen zu informieren. Regelmäßige Workshops, Simulationen und Phishing-Sensibilisierungskampagnen unterstreichen die Bedeutung der Sicherung privilegierter Zugriffe. Durch die Einrichtung einer Plattform zum Wissensaustausch erhalten Teams Zugriff auf PAM-Ressourcen, Anleitungen zur Fehlerbehebung und Richtlinienaktualisierungen.

Kontinuierliches Monitoring und eine messwertbasierte Evaluierung gewährleisten die langfristige Effektivität des PAM CoE. Key

Performance Indicators (KPIs) wie die Anzahl der gesicherten privilegierten Konten, der Anteil automatisierter Zugriffsanfragen und die Rate der Privilegienerweiterungsversuche geben Aufschluss über den Erfolg des PAM-Programms. Sicherheitsteams sollten regelmäßige Audits, Risikobewertungen und Penetrationstests durchführen, um Schwachstellen zu identifizieren und PAM-Strategien zu optimieren. Die Integration von PAM-Analysen in Threat-Intelligence-Feeds hilft, neu auftretende Risiken zu erkennen und Sicherheitskontrollen proaktiv anzupassen.

Ein erfolgreiches PAM Center of Excellence entwickelt sich mit dem Wachstum und dem technologischen Fortschritt des Unternehmens weiter. Wenn Unternehmen ihre IT-Infrastruktur um Cloud-Umgebungen, DevOps-Workflows und Drittanbieter-Integrationen erweitern, muss das CoE seinen Ansatz für die Sicherheit privilegierter Zugriffe kontinuierlich weiterentwickeln. KI-gestützte Bedrohungserkennung, Zero-Trust-Zugriffsmodelle und Just-in-Time-(JIT)-Berechtigungsbereitstellung stellen sicher, dass PAM anpassungsfähig und widerstandsfähig gegenüber sich entwickelnden Cyber-Bedrohungen bleibt.

Durch die Zentralisierung von Fachwissen im Bereich Privileged Access Management, die Standardisierung von Richtlinien, die Integration fortschrittlicher Sicherheitstechnologien und die Förderung einer Kultur der kontinuierlichen Verbesserung stärkt ein PAM Center of Excellence die Sicherheitslage eines Unternehmens. Es stellt sicher, dass privilegierte Zugriffe nicht nur heute geschützt sind, sondern auch angesichts zukünftiger Herausforderungen sicher bleiben.

Vorbereitung auf die Zukunft von PAM

Privileged Access Management (PAM) entwickelt sich ständig weiter, da sich Unternehmen an neue Cybersicherheitsbedrohungen, technologische Fortschritte und regulatorische Anforderungen anpassen. Da Cyberkriminelle immer ausgefeiltere Angriffsmethoden entwickeln, müssen Unternehmen ihre PAM-Strategien proaktiv verbessern, um neuen Risiken immer einen Schritt voraus zu sein. Um PAM zukunftssicher zu gestalten, nutzen Unternehmen Automatisierung, künstliche Intelligenz (KI), Zero-Trust-Prinzipien und Cloud-native Sicherheitsmodelle, um die Sicherheit privilegierter Zugriffe in einer zunehmend komplexen digitalen Landschaft zu gewährleisten.

Die rasante Verbreitung von Cloud Computing, DevOps und Remote-Arbeitsumgebungen hat die Verwaltung privilegierter Zugriffe verändert. Traditionelle PAM-Ansätze, die sich auf lokale Infrastrukturen und statische Berechtigungszuweisungen konzentrierten, reichen in dynamischen IT-Ökosystemen nicht mehr aus. Unternehmen müssen auf Cloud-native PAM-Lösungen umsteigen, die Hybrid- und Multi-Cloud-Umgebungen unterstützen und eine nahtlose Zugriffskontrolle über die verteilte Infrastruktur hinweg gewährleisten. Dieser Wandel erfordert die Integration von PAM mit Cloud-Identitätsanbietern, die Durchsetzung von Least-Privilege-Richtlinien für Cloud-Workloads und die Implementierung von Just-in-Time-Zugriff (JIT), um dauerhafte Administratorrechte zu minimieren.

Künstliche Intelligenz und maschinelles Lernen (ML) spielen in der Zukunft von PAM eine immer größere Rolle. KI-gestützte PAM-Lösungen analysieren riesige Mengen privilegierter Zugriffsdaten, um Anomalien zu erkennen, Risiken vorherzusagen und Zugriffsentscheidungen zu automatisieren. Verhaltensanalysen helfen, Abweichungen von der normalen Aktivität privilegierter Benutzer zu identifizieren, sodass Sicherheitsteams potenzielle Bedrohungen proaktiv eindämmen können. Anstatt sich ausschließlich auf vordefinierte Zugriffsrichtlinien zu verlassen, passt KI-gestütztes PAM die Berechtigungsstufen dynamisch anhand von Echtzeit-Risikobewertungen an und reduziert so die Wahrscheinlichkeit von Privilegienmissbrauch oder der Gefährdung von Anmeldeinformationen.

Zero-Trust-Sicherheitsrahmen werden zu einem integralen Bestandteil von PAM-Strategien. Das traditionelle perimeterbasierte Sicherheitsmodell wird durch einen Zero-Trust-Ansatz ersetzt, bei dem kein Benutzer oder System automatisch als vertrauenswürdig gilt.

Unternehmen müssen eine kontinuierliche Authentifizierung und Verifizierung für alle privilegierten Zugriffsanfragen erzwingen, unabhängig davon, ob sie von innerhalb oder außerhalb des Unternehmensnetzwerks stammen. Die Implementierung starker Authentifizierungsmechanismen wie Multi-Faktor-Authentifizierung (MFA), biometrische Verifizierung und kontextbezogene Zugriffskontrollen stellt sicher, dass privilegierte Konten vor unbefugtem Zugriff geschützt bleiben.

Die Rolle von Maschinenidentitäten im PAM wächst mit der zunehmenden Verbreitung von Automatisierung und Cloud-nativen Architekturen. Nicht-menschliche Konten wie API-Schlüssel, Servicekonten und containerisierte Workloads benötigen privilegierten Zugriff, um effizient zu funktionieren. Unternehmen müssen ihre PAM-Frameworks um das Maschinenidentitätsmanagement erweitern und sicherstellen, dass automatisierte Prozesse den Least-Privilege-Prinzipien folgen. Sichere Vaulting-Funktionen, die Rotation von Anmeldeinformationen und zertifikatsbasierte Authentifizierung sind unerlässlich, um den Missbrauch von Maschinenidentitäten zu verhindern und das Risiko von anmeldeinformationsbasierten Angriffen zu reduzieren.

Es wird erwartet, dass die gesetzlichen Compliance-Anforderungen in den kommenden Jahren strenger werden. Regierungen und Branchenverbände aktualisieren kontinuierlich die Datenschutz- und Cybersicherheitsvorschriften und legen dabei verstärkt Wert auf privilegierte Zugriffskontrollen. Unternehmen müssen den Compliance-Anforderungen stets einen Schritt voraus sein, indem sie revisionssichere PAM-Lösungen implementieren, die kontinuierliche Überwachung, detaillierte Zugriffsprotokolle und automatisierte Berichte bieten. Die Einhaltung von PAM-Frameworks mit Standards wie DSGVO, HIPAA, PCI DSS und NIST hilft Unternehmen, regulatorische Sanktionen zu vermeiden und gleichzeitig ihre Sicherheitslage zu stärken.

Die Zukunft von PAM umfasst auch eine tiefere Integration mit SIEM- (Security Information and Event Management) und SOAR-Plattformen (Security Orchestration, Automation and Response). Durch die Verknüpfung von PAM mit umfassenderen Sicherheitsökosystemen können Unternehmen die

Bedrohungserkennung verbessern, die Reaktion auf Vorfälle optimieren und die Behebung automatisieren. Die Echtzeitkorrelation zwischen privilegierten Zugriffsereignissen und Sicherheitsvorfällen hilft Sicherheitsteams, potenzielle Bedrohungen schneller zu erkennen und sofort Maßnahmen zur Eindämmung von Sicherheitsverletzungen zu ergreifen.

Die Benutzerfreundlichkeit wird zu einem zentralen Aspekt der PAM-Entwicklung. Sicherheitsteams müssen strenge Zugriffskontrollen mit Benutzerfreundlichkeit in Einklang bringen, um sicherzustellen, dass privilegierte Benutzer ihre Aufgaben effizient und reibungslos erledigen können. Adaptive Authentifizierung, rollenbasierte Zugriffskontrolle (RBAC) und reibungslose Workflows zur Rechteausweitung tragen zur Aufrechterhaltung der Sicherheit bei und steigern gleichzeitig die Benutzerproduktivität. Zukünftige PAM-Lösungen werden sich weiterhin auf nahtlose Integration konzentrieren, Störungen minimieren und gleichzeitig strenge Sicherheitskontrollen durchsetzen.

Die Vorbereitung auf die Zukunft von PAM erfordert einen proaktiven Ansatz, der Automatisierung, KI-gestützte Analysen, Zero-Trust-Prinzipien und Cloud-native Sicherheitsmodelle umfasst. Unternehmen müssen ihre PAM-Strategien kontinuierlich weiterentwickeln, sich an neue Bedrohungen anpassen und sich an die sich entwickelnden gesetzlichen Anforderungen anpassen, um privilegierten Zugriff effektiv zu schützen. Investitionen in fortschrittliche PAM-Lösungen helfen Unternehmen, eine robuste Sicherheitsgrundlage für die Zukunft zu schaffen.

Roadmap zu einem umfassenden PAM-Programm

Die Implementierung eines umfassenden Privileged Access Management (PAM)-Programms ist unerlässlich, um die kritischen Systeme eines Unternehmens zu sichern, Insider-Bedrohungen zu reduzieren und auf Anmeldeinformationen basierende Cyberangriffe zu verhindern. Ein strukturierter Plan stellt sicher, dass privilegierte Zugriffskontrollen systematisch implementiert, an bewährten Sicherheitspraktiken ausgerichtet und mit neuen Bedrohungen weiterentwickelt werden. Durch einen schrittweisen Ansatz können Unternehmen eine solide Grundlage für PAM schaffen und gleichzeitig Richtlinien, Technologien und Prozesse kontinuierlich verbessern, um die Sicherheit des privilegierten Zugriffs zu verbessern.

Der erste Schritt bei der Entwicklung einer PAM-Roadmap ist die Bewertung der privilegierten Zugriffsrechte. Unternehmen müssen alle privilegierten Konten identifizieren, einschließlich Administratoren, Dienstkonten, Anwendungsanmeldeinformationen und Rechneridentitäten. Viele Unternehmen unterschätzen die Anzahl der privilegierten Konten in ihrer Infrastruktur, was zu unkontrollierten Risiken führt. Ein gründlicher Ermittlungsprozess schafft Transparenz über alle privilegierten Zugriffspunkte und stellt sicher, dass keine kritischen Konten ungeschützt bleiben.

Sobald privilegierte Konten identifiziert sind, müssen Unternehmen klare Richtlinien und Governance-Rahmen definieren. Die Festlegung einer formellen PAM-Richtlinie bildet die Grundlage für die Durchsetzung des Prinzips der geringsten Privilegien, die Implementierung einer rollenbasierten Zugriffskontrolle (RBAC) und die Definition von Workflows für die Zugriffsgenehmigung. Sicherheitsteams sollten mit IT-Administratoren, Compliance-Beauftragten und anderen Stakeholdern zusammenarbeiten, um sicherzustellen, dass die PAM-Richtlinien mit gesetzlichen Anforderungen wie DSGVO, HIPAA und PCI DSS übereinstimmen.

Die Implementierung einer PAM-Lösung erfordert sorgfältige Planung und Integration in die bestehende Sicherheitsinfrastruktur. Unternehmen sollten einen zentralen Credential Vault implementieren, um privilegierte Anmeldeinformationen sicher zu speichern und zu verwalten. Die automatisierte Passwortrotation stellt sicher, dass privilegierte Konten keine statischen Anmeldeinformationen verwenden, wodurch das Risiko einer Kompromittierung der Anmeldeinformationen verringert wird. Für alle privilegierten Zugriffe sollte die Multi-Faktor-Authentifizierung

(MFA) erzwungen werden, um sicherzustellen, dass nicht autorisierte Benutzer gestohlene Anmeldeinformationen nicht ausnutzen können.

Privileged Session Management ist ein wichtiger Bestandteil eines umfassenden PAM-Programms. Unternehmen müssen privilegierte Aktivitäten überwachen und protokollieren, um unbefugte Aktionen zu erkennen und die Einhaltung von Sicherheitsrichtlinien sicherzustellen. Sitzungsaufzeichnung, Tastatureingabeprotokollierung und Echtzeitanalysen helfen Sicherheitsteams, potenzielle Bedrohungen zu erkennen und auf verdächtiges Verhalten zu reagieren. Die Integration von PAM in SIEM-Lösungen (Security Information and Event Management) verbessert die Bedrohungserkennung und die Reaktion auf Vorfälle.

Wenn Unternehmen ihre IT-Umgebungen erweitern, müssen PAM-Strategien entsprechend skaliert werden. Die Implementierung von Just-in-Time (JIT)-Zugriffsbereitstellung minimiert bestehende Berechtigungen und stellt sicher, dass erweiterte Zugriffsrechte nur bei Bedarf gewährt und nach Gebrauch automatisch widerrufen werden. Die Ausweitung der PAM-Kontrollen auf Cloud-Plattformen, containerisierte Workloads und Drittanbieter trägt zur Sicherung privilegierter Zugriffe in Hybrid- und Multi-Cloud-Umgebungen bei.

Kontinuierliche Verbesserung ist der Schlüssel zu einem effektiven PAM-Programm. Unternehmen sollten regelmäßig Privilegien-Audits, Zugriffsüberprüfungen und Sicherheitsbewertungen durchführen, um Lücken zu identifizieren und PAM-Richtlinien zu verfeinern. Benutzerschulungen und Sensibilisierungsprogramme stellen sicher, dass IT-Administratoren, Entwickler und Mitarbeiter die Risiken privilegierter Zugriffe verstehen und bewährte Sicherheitspraktiken befolgen.

Eine klar definierte Roadmap bietet einen strukturierten Ansatz für die Bereitstellung, Skalierung und Optimierung von PAM und stellt sicher, dass privilegierter Zugriff sicher bleibt und gleichzeitig der Geschäftsbetrieb unterstützt wird. Durch die Konzentration auf Erkennung, Richtlinienentwicklung, Technologieimplementierung, Überwachung und kontinuierliche Verbesserung können Unternehmen ein robustes PAM-Programm aufbauen, das Sicherheitsrisiken effektiv minimiert.

Fazit und abschließende Gedanken

Privileged Access Management (PAM) ist zu einem wesentlichen Bestandteil moderner Cybersicherheitsstrategien geworden und schützt Unternehmen vor den stetig wachsenden Risiken privilegierter Konten. Da Unternehmen ihre digitale Präsenz kontinuierlich ausbauen, wird der Bedarf an robusten PAM-Lösungen immer wichtiger. Die Verwaltung privilegierter Zugriffe ist nicht mehr nur ein technisches Problem, sondern ein grundlegender Aspekt des Risikomanagements, der Compliance und der allgemeinen Cybersicherheit. Unternehmen, die keine effektiven PAM-Kontrollen implementieren, setzen sich dem Diebstahl von Anmeldeinformationen, Insider-Bedrohungen und der Nichteinhaltung gesetzlicher Vorschriften aus, was schwerwiegende finanzielle und rufschädigende Folgen haben kann.

Die Sicherung privilegierter Zugriffe erfordert einen mehrschichtigen Ansatz, der die Durchsetzung von Least-Privilege-Prinzipien, starke Authentifizierungsmechanismen, kontinuierliche Überwachung und automatisiertes Anmeldeinformationsmanagement umfasst. PAM-Lösungen bieten Unternehmen die notwendigen Tools, um sensible Daten zu schützen, den Administratorzugriff zu kontrollieren und potenzielle Sicherheitsvorfälle in Echtzeit zu erkennen. Durch die Integration von PAM in umfassendere Sicherheitsrahmen wie Zero Trust, Identity and Access Management (IAM) und Security Information and Event Management (SIEM) können Unternehmen eine umfassende Verteidigungsstrategie entwickeln, die Angriffsflächen minimiert und die Bedrohungserkennung verbessert.

Die Rolle von Automatisierung und künstlicher Intelligenz im PAM-Bereich wächst stetig und bietet neue Möglichkeiten, privilegierte Zugriffskontrollen zu optimieren und die Sicherheitslage zu verbessern. Algorithmen für maschinelles Lernen können Zugriffsverhalten analysieren, um Anomalien zu erkennen, während automatisierte Workflows Just-in-Time-Zugriffe (JIT) erzwingen und so das Risiko von unbefugten Zugriffen reduzieren. Angesichts immer raffinierterer Cyberbedrohungen hilft die Nutzung KI-gestützter Analysen in PAM-Frameworks Unternehmen, Risiken proaktiv zu minimieren, bevor sie zu umfassenden Sicherheitsverletzungen eskalieren.

Compliance- und regulatorische Anforderungen erfordern ebenfalls eine robuste PAM-Implementierung. Frameworks wie DSGVO, HIPAA, PCI DSS und NIST schreiben strenge Zugriffskontrollen, Audit-Protokollierung und die Überwachung privilegierter Sitzungen vor. Unternehmen müssen ihre Richtlinien für privilegierten Zugriff kontinuierlich überprüfen, um die Compliance sicherzustellen und sich an die sich entwickelnden regulatorischen Rahmenbedingungen anzupassen. Ein gut implementiertes PAM-Programm erhöht nicht nur die Sicherheit, sondern vereinfacht auch Auditprozesse und gewährleistet den Schutz sensibler Daten.

Die Implementierung von PAM ist keine einmalige Maßnahme, sondern ein fortlaufender Prozess, der kontinuierliche Verbesserungen und Anpassungen an neue Bedrohungen erfordert. Unternehmen müssen regelmäßig Zugriffskontrollen überprüfen, Berechtigungsprüfungen durchführen und Sicherheitsschulungen für Mitarbeiter anbieten. Eine starke PAM-Strategie basiert auf einer sicherheitsbewussten Kultur, in der Benutzer die mit privilegierten Konten verbundenen Risiken verstehen und Best Practices zum Schutz ihrer Anmeldeinformationen befolgen.

Die Zukunft von PAM liegt in seiner Fähigkeit, sich parallel zum technologischen Fortschritt und den sich verändernden Bedrohungslandschaften weiterzuentwickeln. Cloud-native PAM-Lösungen, Zero-Trust-Sicherheitsmodelle und KI-gestützte Analysen werden die Verwaltung privilegierter Zugriffe in Unternehmen weiterhin prägen. Investitionen in PAM stellen heute sicher, dass Unternehmen widerstandsfähig gegen Cyberbedrohungen bleiben und gleichzeitig ihre betriebliche Effizienz und die Einhaltung von Branchenvorschriften gewährleisten.

Unternehmen, die PAM proaktiv implementieren, stärken nicht nur ihre Sicherheitslage, sondern verschaffen sich auch einen Wettbewerbsvorteil, indem sie ihr Engagement für den Schutz sensibler Informationen unter Beweis stellen. Durch die Anwendung von Best Practices, den Einsatz fortschrittlicher Technologien und die Förderung einer sicherheitsorientierten Kultur können Unternehmen privilegierte Zugriffe effektiv verwalten und das Risiko von Sicherheitsverletzungen reduzieren. Die kontinuierliche Weiterentwicklung von PAM-Strategien bleibt für Unternehmen, die ihre wertvollsten Vermögenswerte in einer zunehmend komplexen digitalen Welt schützen wollen, weiterhin eine Priorität.

www.ingramcontent.com/pod-product-compliance
Lightning Source LLC
LaVergne TN
LVHW051240050326
832903LV00028B/2500